庄严神韵

——藏传佛教造像艺术精粹

远方出版社

图书在版编目（CIP）数据

庄严神韵：藏传佛教造像艺术精粹 /《庄严神韵：藏传佛教造像艺术精粹》编委会编．-- 呼和浩特：远方出版社，2018.11

ISBN 978-7-5555-1098-7

Ⅰ．①庄… Ⅱ．①庄… Ⅲ．①喇嘛宗—佛像—造像—中国—图录 Ⅳ．①K879.32

中国版本图书馆 CIP 数据核字 (2018) 第 240645 号

庄严神韵——藏传佛教造像艺术精粹

ZHUANGYAN SHENYUN ZANGCHUANFOJIAO ZAOXIANG YISHU JINGCUI

编　　者　《庄严神韵——藏传佛教造像艺术精粹》编委会
责任编辑　董美鲜　奥丽雅
责任校对　心　妍
装帧设计　鞠华林
出版发行　远方出版社
社　　址　呼和浩特市乌兰察布东路 666 号　邮编：010010
电　　话　（0471）2236470 总编室　2236460 发行部
经　　销　新华书店
印　　刷　内蒙古久华印刷有限责任公司
开　　本　260mm×370mm　1/8
字　　数　300 千
印　　张　52.5
版　　次　2018 年 11 月第 1 版
印　　次　2018 年 11 月第 1 次印刷
印　　数　1—2 000 册
标准书号　ISBN 978-7-5555-1098-7
定　　价　980.00 元

《庄严神韵——藏传佛教造像艺术精粹》编辑委员会

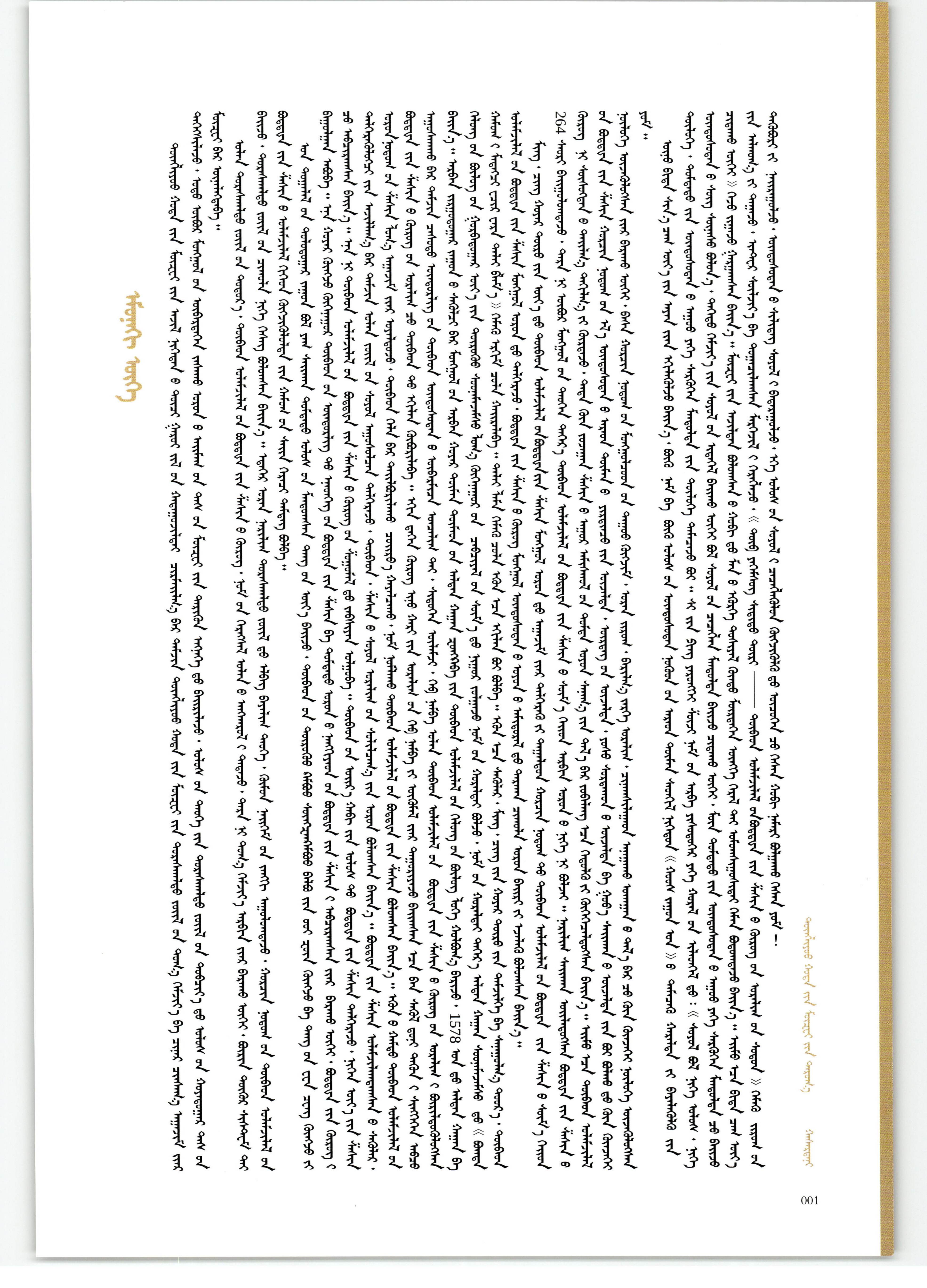

ᠡᠮᠦᠨᠡᠬᠢ ᠦᠭᠡ

[illegible]

前　言

通辽市博物馆全体同仁经过四十多年的艰辛努力，使馆藏文物的数量和质量得到提升，现已名列内蒙古自治区地区级博物馆前列，被国家文物局评定为国家二级博物馆。

在品类众多的馆藏文物中，特别值得称道的是藏传佛教造像与法器等。它不仅成规模，且成体系，可谓馆藏文物的一大亮点。这些精美的文物蕴含着丰富的历史人文信息，是诠释科尔沁地区藏传佛教传播与发展的最好物证。

公元 7 世纪，中国正值盛唐，吐蕃王朝第一代赞普松赞干布分别从尼泊尔和唐朝迎娶了尺尊公主和文成公主。这两位公主不仅为青藏高原带来了印度佛教和中原汉地佛教的信息，也带来了佛像，这便为藏传佛教造像的产生提供了契机。加之西藏周边国家佛教的盛行，一时间，北来高僧传教，南往大德求法，多种文化在此交会碰撞，西藏遂成为宗教文化艺术交流的辐辏之地。佛教传入后，与土著宗教苯教逐渐结合，嬗变为用藏语讲授、辩理、念诵经典的藏传佛教。与此同时，藏传佛教造像艺术也在西藏萌芽。初期，造像多流于对外来艺术风格的机械模仿，后经不断吸收融会，逐渐形成了带有雪域高原浓烈藏民族特征、神祇众多、风格多样的藏传佛教造像艺术。16 世纪下半叶，蒙古土默特部阿拉坦汗迎进了宗喀巴的藏传佛教格鲁派。1578 年，阿拉坦汗和达赖三世索南嘉措在青海仰华寺会面，召开法会。在法会上，索南嘉措被阿拉坦汗封为“圣识一切瓦齐尔达喇达赖喇嘛”，“达赖喇嘛”称号由此产生。此后，在明清两朝的支持和提倡下，藏传佛教在蒙古地区兴盛起来，佛教造像也在蒙古人的精神生活中占据了神圣地位。

明清时期，随着藏传佛教在蒙古地区的逐渐兴盛，科尔沁地区共兴建藏传佛教寺庙二百六十四座，成为内蒙古历史上藏传佛教寺庙较多的地区之一。各种精美的佛像在寺庙中受到信徒的香火供奉，人们在浓厚的宗教氛围中追求精神的解脱。因此，藏传佛教不仅对科尔沁地区各民族的人生观、价值观、道德观和审美观产生了深刻的影响，而且对科尔沁地区蒙古民族的音乐、绘画、建筑等艺术，尤其是医学产生了深远的影响。

今天，我们处在新时代的起跑线上，全党和全国各族人民正齐心协力，为实现“两个一百年”的奋斗目标，为中华民族的伟大复兴奋斗着。习近平总书记在党的十九大报告中指出：文化是一个国家、一个民族的灵魂。没有高度的文化自信，没有文化的繁荣兴盛，就没有中华民族伟大复兴。作为博物馆人，我们深感使命重大，也倍感光荣自豪。为此，我们紧跟时代步伐，采用互联网和数字技术，精心制作了《庄严神韵——藏传佛教造像艺术精粹》这本图录，旨在弘扬优秀的民族文化，为祖国的文化繁荣贡献微薄之力！

通辽市博物馆馆长　哈斯额尔顿

Preface

With all colleagues's diligent efforts for 40 years, we have collected amounts of previous cultural relics in Tongliao Museum, which makes our museum obtain great honor. Now Tongliao Museum has been assessed National second class museum and came out in the front of Inner Mongolia.

Tibetan Buddhism statues and instruments should be mentioned specially among a great variety previous cultural relics. Because it has had a large-scale and has formed an integral system that made it become an outstanding part in Tongliao Museum. These cultural relics contain abundant historical and humanistic information, which is the best proof of that Tibetan Buddhism is spread wildly in the region of Horqin.

The Tang Dynasty was being flourishing and invigorating in the seventh century A.D., Songtsen Gampo, the first foundation of Tibetan empire in ancient China, who married princess Wencheng of the Tang Dynasty that believed in Buddhism. Also, Songtsen Gampo married princess Bhrikuti of Nepal. Two princesses brought Indian Buddhism's and Chinese Buddhism's information and Buddhist images, which contributed to producing of Tibetan Buddhism images. And some countries believed Buddhism around Tibet so that lots of eminent monks preached their religion one another. Cultural exchanges developed rapidly that contributed to Tibet becoming a base of cultural exchange.

Buddhism combined with Benzene religion gradually, which come into being Tibetan Buddhism. Meanwhile, Tibetan Buddhism statues had come out in that time.

At first, Tibetan Buddhism statues imitated foreign art style and took in variety of artistic forms gradually. Tibetan Buddhism produced variety of Tibetan Buddhism statues with national characteristics in snowy plateau. The second half of the sixteenth century, Alatan Khan, Mongolian Ministry of Tumert introduced Tsangkhapa's Gelug of the Tibetan Buddhism. Alatan Khan and Sonam Gyatso convened a council at the Yanghua Temple in Qinghai. Sonam Gyatso was declared "holy all of Wazildarra, the Dalai Lama". From then on Dalai Lama, was produced. Tibetan Buddhism was supported by the Ming and Qing Dynasties so that it was spread wildly in the region of Mongolia. Tibetan Buddhist statues placed a scared position in the hearts of the Mongols.

In the Ming and Qing Dynasties, Tibetan Buddhism was gradually flourishing in Mongolia. According to statistics, there were 264 Tibetan Buddhism Temple founded in the region of Horqin that is one of the area with lots of temples in Mongolia. People worship Buddha statues and pursue spiritual sustenance in the religious atmosphere. So Tibetan Buddhism in Horqin not only has a profound impact on the outlook on life, values, morality and aesthetics of all ethnic groups but also it has had a profound impact on Mongolian music, painting, architecture, especially in medicine.

Currently, we are at the beginning of a new era, the whole Party and the people of all ethnic groups are making concerted efforts to achieve the two hundred-year goals and to strive for the great rejuvenation of the Chinese nation. Ceneral Secretary Xi Jinping pointed out in The 19th National Congress of the Communist Party of China Report, culture is the soul of a nation and a nationality. Without high cultural confidence and cultural prosperity, there would be no great rejuvenation of the Chinese nation. As museum practitioners, we are deeply committed and proud of our mission. To this end, closely following the pace of the times, and using the internet and digital technology, we have meticulously produced *The Solemn Charm of Tibetan Buddhist Statues Art Essence*. This book aims at promoting excellent national culture, and contributing to the prosperity of the motherland's culture.

Hasselton,curator of Tongliao Museum

概　论

Introduction

佛教起源于古印度的恒河流域，公元1世纪传入中国。公元7世纪，佛教传入中国西藏，在雪域高原生根发芽，与当地宗教苯教相融合，逐渐嬗变为藏传佛教。藏传佛教主要传播于中国的藏族、蒙古族、裕固族、纳西族等少数民族地区以及不丹、锡金、尼泊尔、蒙古国和俄罗斯布里亚特蒙古族居住区。

藏传佛教造像艺术萌芽于佛教传入西藏之时，也就是公元7世纪。当时吐蕃王朝第一代赞普松赞干布从尼泊尔迎娶了尺尊公主，从唐朝迎娶了文成公主，这两位公主不仅为青藏高原带来了印度佛教和中原汉地佛教的信息，同时也带来了佛像。这些佛像遂成为模本，为藏传佛教造像的产生提供了契机。西藏连接中亚、印巴次大陆，毗邻印度、巴基斯坦、尼泊尔等国和中原汉地。这些国家和地区佛教盛行，使西藏具有浓厚的宗教氛围；南来北往的高僧大德在这里驻足，交流心得，传播佛教；各种技工匠师也在这里切磋技艺，互相学习，使西藏成为各种文化碰撞交会、各种艺术百花齐放的辐辏之地。所以，藏传佛教造像艺术从一开始便受到多种文化因素的影响，成为多种文化交融的产物。在佛教传入初期，其造像大多是对外来艺术风格的简单机械模仿。随着佛教的发展，佛教造像艺术在借鉴吸收多方面文化艺术因素的基础上，逐渐融入了藏地传统文化和藏民族的审美情趣，由单纯模仿转向了自主创造。元代，西藏正式纳入中国版图，随后藏传佛教传入中原内地和蒙古地区。元明清三朝由于政治上的需要，极力推崇藏传佛教，打压蒙古地区的原始宗教萨满教，使藏传佛教在蒙古地区得到了空前的发展。蒙古地区开始大量制作藏传佛教造像，使其迎来了历史上的巅峰时期，并逐渐形成具有鲜明民族艺术风格和独特艺术风貌的藏传佛教造像艺术。

在藏传佛教发展的不同阶段，分别出现了多种造像风格，形成了多种藏传佛教造像艺术风格特征。藏传佛教造像艺术流派可以按时代、区域划分，也可以按画师流派划分。如按时代可划分为：吐蕃王朝时期是以多元艺术为背景的藏传佛教造像艺术形成期；分裂割据时期为藏传佛教造像艺术各流派的形成时期；萨迦时期是本土区域性造像艺术竞相开放时期；格鲁时期为藏传佛教造像艺术规范定型和追求精致时期。如按区域可划分为：藏西风格、藏中风格、藏南风格、藏东风格等。如按画师可划分为：勉拉顿珠加措画派、噶玛噶智画派、新勉画派、齐乌热画派。

藏传佛教造像艺术具有民族性、时代性、区域性、教派性和个体性风格特征。艺术特征的形成离不开一定的时代和政治背景，以及社会文化环境的影响。社会变革影响价值体系变迁，导致艺术审美观念的变化，而艺术家的审美观念和对事物的不同感悟又使艺术风格变得个性化。藏传佛教佛像的基本相貌特征、装饰风格相似，其区分主要依赖于佛像所施手印、所持法器、所盘跏趺以及所坐金席。佛像的体姿大致可分为坐像、立像、卧像等，容貌一般为发髻（肉髻）、白毫、三道、头光等。如释迦牟尼右手施接地印（降魔印），左手持法钵，坐莲花须弥座，盘吉祥坐；药师佛手托药钵，表示此佛以药物济世，拯救众生病痛之苦的本愿；阿弥陀佛则手中拿着小小莲台，象征着接引众生往生西方净土，由莲花化生之意。

藏传佛教菩萨造像的共同特征，可归纳为如下几处。第一，头部装饰特征：男性菩萨方脸，女性菩萨圆脸，头戴五叶宝冠，花冠正中部习惯做成半月形，佩大耳环，其下吊坠宝珠。第二，身体装饰特征：上身不着衣，佩戴项饰、双股项圈和环形项链；下身穿僧裙，裙子在臀部用宝带相扣，正好在肚脐下形成对称的衣褶。有时披帛搭在双肩，飘垂而下，另有手镯、臂钏、足钏等饰物。第三，菩萨席座：普遍坐莲花座，莲花座通常有圆形和半月两种造型，皆为双层束腰形式，莲瓣细长饱满，形同核桃仁，在莲座上下边缘还饰有排列整齐的联珠。第四，菩萨造像特征：权贵富裕的世俗装饰，表示入世利乐有情和救苦救难功德自在；清秀和蔼的面孔表示慈悲教化的品格。

藏传佛教护法神的种类：护持佛法的八大金刚、化愚除障的八大明王、护持教法道场的神祇以及护持区域的地方神。藏传佛教护法神造像特征：多头、多目、多臂、多足，持各种法器，脚踩动物和人，有单体也有双身，有裸体也有饰将帅状的。藏传佛教护法神的象征意义：多头象征智慧无限；多目象征洞察一切；愤怒象征痛恨行恶谤佛之人魔；静相象征观善恶行；喜相象征皈佛行善；多臂象征法力无边；多足象征力大无比；各种法器象征降伏众魔；脚踩动物和人象征镇伏贪欲和愚昧；单体和双身分别象征传法和修法；裸体象征出世污垢；虎皮象征威猛；骷髅项珠象征佛法；盛血之嘎巴拉碗象征生死涅槃。

藏传佛教善于借用艺术的形式，运用艺术的灵活性，诠释佛教繁奥的哲理，展现博大的佛国世界。五明之一的工巧明特别强调对工艺、技术的掌握，修行者将其作为专门必修的学问研习，这是藏传佛教的一大特色。藏传佛教中有壁画、唐卡、造像等多种艺术表现形式，其中造像是最常用的成熟的艺术表现形式。就质地而言，造像可分为金、铜、铁、石、泥等，其中以金、铜像保存最多。

藏传佛教显密兼修，尤重密教，在其形成、发展过程中，吸收了佛教发源地古印度的传统神祇；在与本土原始宗教的斗争融合中，接受了原始宗教中的信仰神灵；同时在与汉地佛教交流互动中，又纳入了经过改造后的某些汉地佛教人物，这样在藏传佛教中就构成了一个纷繁复杂的神的世界。关于众神的归属分类，目前通行的是根据其宗教职能划分，有上师、密修本尊、佛母、佛、菩萨、罗汉、空行护法等七个部类，各成序列。

《庄严神韵——藏传佛教造像艺术精粹》中所列各类不同质地的佛教造像是在通辽市博物馆众多的佛教造像中精心挑选的，包罗了藏传佛教的祖师、本初佛和五方佛、本尊、般若佛、菩萨、女尊、空行护法等七个部类，可谓题材丰富。从时间上看，除有少量的明代佛像外，主要为清代各个时期藏传佛教造像的经典之作。

目录

祖师

藏传佛教最重师承，祖师部诸尊往往列造像诸部之榜首。祖师像按般若部、秘密部、菩提道三个部分依次列出。

般若部主要是印度的佛教祖师及佛弟子，以八宗之祖龙树为首，接下来是无著、提婆、世亲、陈那、法称、德光、释迦光、月称、寂天等小乘、大乘、显部、密部的祖师。其着装追随印度比丘相的式样。

秘密部多排列着因苦行修炼而获得神通之力的大成就者，如西藏传统所崇拜的八十四大成就者。与般若部、菩提道诸尊身着袈裟的比丘形象有所不同，秘密部没有统一的相形，彼此模样迥异，长发或束发，大多坐在兽皮上。常见尊者米日巴拉，束发，身着偏袒外套，坐于兽皮之上，左手持颅器，右手置于右耳上，身前有鹿、犬、供养人及弓箭等。

菩提道的祖师以藏传佛教系统为主，为首者有莲花生、阿底峡，后继者有布敦、宗喀巴以及达赖、班禅两大系统的历代转世大师和高僧大德。造像与一般的喇嘛祖师像相似，头戴班霞帽，内着坎肩，外穿袈裟，多呈跏趺坐姿。出现最多的是莲花生、宗喀巴。

上师指精通并修习经典和怛特罗的人，上师修法可能为众人所见，也可能秘密修行不为外人所知。一个信奉并传播佛法的人，如果只用一个佛语词表述，就是上师。上师，藏语中称为“喇嘛”，是藏传佛教徒对自己精神导师的尊称。藏传佛教显密各宗派认为，上师是佛法僧抽象三宝的象征，是现实三宝的代表。因此，佛教显宗和密宗都有各自严格的择师标准，以此保证佛法传承的纯正和完全。

莲花生

年代 清代

质地 铜鎏金

高 14.3 厘米

头戴宁玛派独特的莲花冠，冠正面有日月装饰。身着交领式长袍。右手持金刚杵，左手托嘎布拉碗，胁夹持一骷髅杖。全跏趺坐于仰覆莲座上，莲瓣为四瓣堆叠。

莲花生，梵名为“白玛桑坝哇（padma sambhava）”，生于印度西北部的乌仗那国，藏语中称“邬坚”（今巴基斯坦境内的斯瓦特河谷）。莲花生是藏传佛教的创始人，红教教主。其主要贡献是建立桑耶寺，翻译佛经，剃度七觉士等。另外，莲花生还有八示现像，称“莲师八变”。这八种变化形象各异，代表莲花生一生八个重要阶段的事迹或修行成就，分别为：海生金刚、莲师日光、莲花王、释迦狮子、爱慧上师、狮如吼莲师、莲花生、莲师忿怒金刚。

宗喀巴

年代　清代

质地　铜鎏金

高 10.7 厘米

头戴班霞帽，双手施转法轮印，各牵莲枝，莲花在肩头开敷。右肩莲花上立智慧剑，左肩莲花上置般若经。身着覆右肩巴扎袈裟，内着坎肩。结跏趺坐于椭圆形仰覆莲座上。

宗喀巴（1357—1419），格鲁派（黄教）创始人，号称第二佛陀，文殊菩萨化身。

005

宗喀巴

年代　清代

质地　铜鎏金

高 17 厘米

头戴班霞帽，双手施转法轮印，各牵莲花一枝，莲花在肩头开敷，右肩莲花上立智慧剑（佚），左肩莲花上置梵匣。结跏趺坐于仰覆莲座之上。

宗喀巴，文殊菩萨化身，本名罗桑扎巴。十六岁离家到前后藏游学，遍访各教派名师，广泛学习佛教显密经典和教法。二十九岁始，收徒授业，崭露头角。随着思想日趋成熟，他著书立说，宣扬自己的佛教思想体系，最终创立了格鲁派。与众多教派重密教修行、轻显教理念修学不同，他倡导由显入密，先显后密。学显宗以确立正确的菩萨救度世人的慈悲思想，修密宗以达到即身成佛并救度众生的最终目标。他还主张，僧人应当有别于俗人，严格遵守佛教戒律。这些主张批评和纠正了当时佛教界思想和行为的混乱现状，得到僧俗各界有识之士的广泛支持，因此，格鲁派在西藏名声鹊起，最终在 17 世纪 40 年代获得了西藏宗教的最高地位。他所著的《菩提道次第广论》《密宗道次第广论》至今仍是格鲁派必修的经典。

宗喀巴不仅是格鲁派（黄教）的创立者，也是藏传佛教界重要的宗教改革家和精神领袖之一，被藏族人民誉为释迦牟尼之后的“第二佛”。

宗喀巴

年代　清代
质地　铜鎏金
高 17.4 厘米

头戴班霞帽，内着花边坎肩，外穿覆右肩袈裟，袈裟一角搭左肩，两株莲花在肩头开敷，右肩莲花上立智慧剑（佚），左肩莲花上置经卷。双手施转法轮印，结跏趺坐于仰覆莲座之上。

宗喀巴，藏传佛教格鲁派（黄教）的创立者、佛教理论家。本名罗桑扎巴。因藏语称湟中（今塔尔寺所在地一带）为“宗喀”，故尊称其为宗喀巴。宗喀巴看到噶举、萨迦等教派在佛教戒律、本质方面已有颓败之势，而在政治上却争斗不止，极为痛心，于是决心对宗教进行改革。他三十八岁时，改戴黄色桃形僧帽，以示区别于其他教派和那些败坏戒律的修行者，同时继承和遵守印度大师释迦室利所规定的戒律。他的号召和行动，得到了帕竹地方政权的支持，也受到了广大僧俗的欢迎。宗喀巴经过长期的苦学精修，创建了一整套佛学体系，其重要论著《菩提道次第广论》和《密宗道次第广论》就是其思想体系的总结。他强调修行要先显后密，显密并重，提倡苦行，即僧人不结婚，戒杀生，禁饮酒，断绝世俗交往等。因宗喀巴大师戴黄色桃形僧帽，所以格鲁派也被称为“黄帽派”或“黄教”。

宗喀巴

年代　清代
质地　铜鎏金
高 16.3 厘米

头戴班霞帽，两侧飘带垂于两肩，内着花边坎肩，外穿覆右肩花边袈裟。双手当胸施转法轮印。五官分明，面部表情从容。莲花在肩头开覆，左肩莲花上供经卷，右肩莲花上立智慧剑。结跏趺坐于仰覆莲台之上。此佛像铜质实沉，通体鎏金厚泽。

宗喀巴三岁时，跟随敦珠仁钦喇嘛学了很多经论，并受密教灌顶，号不空金刚。七岁时，受沙弥戒。十六岁时，前往西藏，在拉萨止公山林阿仁波切座前听受大乘发心仪轨、大印五法、拿热六法等教法。后又学习《现观庄严论》《大乘庄严论》等。十九岁时，开始学习《俱舍》和《入中论》。二十四岁，听高僧义贤讲授《释量论》。宗喀巴一生，刻苦读经，对佛教经典领悟至深。

八思巴

年代　清代

质地　铜鎏金

高 102 厘米

面露聪慧，沙弥长相。内着坎肩，外穿袒右肩袈裟，袈裟一角搭左肩，衣纹密集。右手施触地印，左手施禅定印。结跏趺坐于仰覆莲座上，莲瓣肥大。

八思巴（1235—1280），又译“登思八”“帕克思巴”等，意为“圣者”，藏传佛教萨迦派的第五代祖师。宋宝祐元年（1253 年），忽必烈闻其名，召至左右，从受佛戒。元中统元年（1260 年），忽必烈尊之为国师，赐玉印。至元元年（1264 年），领总制院事，管理全国佛教及藏族地区事务。至元六年（1269 年），献所制蒙古新字，颁行全国，是为“八思巴文”。次年升号“帝师”，进封“大宝法王”，统领西藏十三万户。于京师大法会上，为各族僧众讲授《彰所知论》。至元十三年（1276 年）返藏，聚僧徒七万，兴曲弥法会，自任萨迦寺第一代法王，开西藏贵族僧侣统治之始。著述三十多种，以《萨迦五祖集》传世。不仅将内地印刷术、戏剧艺术等引入西藏，还将藏族建筑技巧、雕塑艺术等散播到内地，促进了边疆与中原的文化交流。

一世哲布尊丹巴

年代　清代
质地　铜鎏金
高 17.5 厘米

头戴宝杵顶帽，内着坎肩，下身着裙，袈裟一角搭左肩。右手持金刚杵，左手施禅定印，持金刚铃（佚）。结跏趺坐于椭圆形仰覆莲座之上。莲座上端饰一周连珠纹。

三世章嘉·若比多吉

年代 清代

质地 铜鎏金

高 23 厘米

长者模样。头戴巴森帽，神态庄重慈祥，眉目疏朗，鼻宽口阔，口两侧及下部留四缕短须，其中下巴须略长。内着花边坎肩，外穿袒右肩花边袈裟，袈裟一角搭左肩，披斗篷，斗篷密布多重褶皱。左右肩各生莲一枝（佚），正在开敷。右莲花上置智慧剑，左莲花上置梵匣，双手施转法轮印。结跏趺坐于双层软垫上。双足隐于斗篷内。

三世章嘉·若比多吉（1717—1786），甘肃凉州人，四岁坐床，八岁进京。曾为乾隆皇帝伴读，后受封国师，管理京都各寺庙喇嘛，赐“扎萨克达喇嘛”印。钦定驻京喇嘛班次时，以三世章嘉·若比多吉为左翼班首，成为乾隆处理藏蒙事务的参谋和助手，其地位高于达赖、班禅。他著述甚丰，多达百部以上。七十岁圆寂，诏命于五台山镇海寺建万塔，存放其舍利。

六世班禅

年代　清代

质地　铜鎏金

高 16.1 厘米

头戴班霞帽，两侧飘带垂肩，眉间有白毫。内着坎肩，外穿覆右肩袈裟，袈裟一角搭左肩。袈裟、裙子边饰巴扎图案。右手施说法印，左手施禅定印，持钵。全跏趺坐于仰覆莲座上。莲瓣肥硕，莲座上缘饰一周连珠纹。

克主杰

年代　清代

质地　铜鎏金

高 18.4 厘米

头戴班霞帽，两侧飘带垂肩，内着坎肩、长裙，外穿覆右肩袈裟，袈裟一角搭左肩。右手当胸施说法印，左手施禅定印。全跏趺坐于双层软垫上。表现出睿智的气质。

克主杰（1385—1438），又名善利吉祥贤，宗喀巴弟子，西藏拉朵绛（后藏）人，幼年时出家，受沙弥戒。他先学戒律，后研经教。十八岁著《说法狮子文殊菩萨赞》，成为著名文学作品。二十三岁，谒见宗喀巴，改修能怖金刚为本尊。1438 年圆寂，寿五十四。在常见的宗喀巴师徒三尊像中，宗喀巴左手一侧即克主杰。

贾曹杰·达玛仁钦

年代 清代
质地 铜鎏金
高 20.7 厘米

头戴班霞帽，两侧飘带垂肩，一侧飘带有双孔。右肩盛开莲花（佚）。面相浑圆，颊额丰满。内着坎肩、长裙，外穿覆右肩袈裟，袈裟一角搭左肩。右手施说法印，左手施禅定印。全跏趺坐于双层软垫之上。坎肩、袈裟及软垫饰巴扎图案。

贾曹杰·达玛仁钦，后藏娘堆（今江孜县）人，全名为贾曹塔巾钦巴·达玛仁钦，是格鲁派高僧、第二任甘丹寺法台、宗喀巴第一大弟子。贾曹，意为“法王代理人”；杰，意为“尊者”。贾曹杰，即“接替宗喀巴法王地位之人”。十岁出家为僧，受沙弥戒。明洪武三十年（1397 年），拜宗喀巴为师，成为其弟子，从此与宗喀巴形影不离。他思维敏捷，对宗喀巴所讲经典融会贯通。宗喀巴圆寂后，他继任甘丹寺法台，致力于讲经、辩论和著述，注重维护戒律，宣讲宗喀巴的格鲁派教义。著有《中观根本明义集》《庄严根本论》《明照解脱道论》等。明宣德七年（1432 年）圆寂。他与宗喀巴、克主杰被藏传佛教徒尊为“师徒三尊”。

本初佛和五方佛

约 10 世纪，本初佛理念起源于古印度那烂陀寺；约 11 世纪下半叶，本初佛由印度、尼泊尔传至西藏。

本初佛，是佛教发展至密教时出现的一个概念，即诸佛之前的原始佛，诸佛之父母。本初佛与“法性”同义，无形，无性别，无实体。一般以普贤王如来、金刚总持、金刚萨埵为本初佛，着重于其象征意义。

在西藏，由于本初佛理念输入的时期不同，系统不同，各教派没有接受统一的本初佛。古老的宁玛派以普贤（双身普贤居于曼陀罗中心）为本初佛；噶举派和格鲁派更崇尚大持金刚（双身）；金刚勇识（金刚萨埵）成为噶当派的最高神。

本初佛是万佛之源，本初佛生五方佛，五方佛生五方菩萨，五方菩萨生世间佛（释迦是世间佛之一）。按三身佛理念，本初佛与五方佛住涅槃，五方佛为法身，五方菩萨住净土为报身，世间佛为应身。从图像学上看，五方佛分佛装、菩萨装、佛菩萨混合装及双身密宗形象等。现在承德万寿琉璃塔一层保存的“清代乾隆塑壁五方佛与长寿三尊”，成为五方佛的经典作品，可谓庞大的五方佛系统中的一颗明珠。

大持金刚

年代　清代

质地　铜鎏金

高 13.8 厘米

头戴五叶冠，发髻高耸，束发缯带呈U形。佩耳珰、项链、手镯、臂钏。上身穿天衣，下身着裙。双手施金刚吽迦罗印，左手持金刚铃，右手持金刚杵。结跏趺坐于仰覆莲座上。莲瓣肥大，无立体感，造像具有吐蕃特征。

大持金刚是藏传佛教密宗主佛，地位崇高，密教说此佛为释迦佛说密法时呈现的形象，又称为本初佛。

金刚萨埵

年代　清代

质地　铜鎏金

高 15.7 厘米

头戴五叶冠，发髻高耸，两缕头发垂肩，束发缯带呈 U 形，项挂珠鬘，佩花式叶形耳珰、手镯、臂钏、脚镯、脚链、双层项链。上身穿花边天衣，天衣两端自然垂于莲座；下身着裙。右手当胸持杵（佚），左手持金刚铃。结跏趺坐于椭圆形仰覆莲座上。莲瓣饱满肥大，莲座上端饰一周连珠纹。

金刚萨埵，藏传密教中的一位本初佛。藏密宣称，大日如来为第一祖，金刚萨埵为第二祖，汉译为“普贤”。

毗卢遮那佛

年代　清代
质地　铜鎏金
高 14 厘米

肉髻螺发，眉间有白毫，双目微垂。双手施内缚印。身着覆右肩巴扎袈裟。全跏趺坐于椭圆形仰覆莲座上。

毗卢遮那（vairocana），法身佛之通称，即密教之大日如来。最早的密教经典《密集金刚怛特罗》首次描述五方佛曼陀罗的结构时，提到了毗卢遮那佛。在尼泊尔，他被认为是五方佛中最早出现的成员。本初佛的概念出现以后，他又成为本初佛的重要成员，但是这种思想在藏传佛教中没有被采用。

毗卢遮那佛有佛装与菩萨装两种形象。此外，还有无上瑜伽部的双身毗卢遮那佛。

毗卢遮那佛

年代 清代

质地 铜

高 20.4厘米

肉髻螺发绀蓝色，下身着裙，身着袒右肩袈裟，袈裟一角搭左肩。涂成红色。双手施内缚印。全跏趺坐于仰覆莲座上。

毗卢遮那佛，汉译为“大日如来”。密宗最高神，统率五部中的佛部，居于中央。

阿閦佛

年代　清代

质地　铜鎏金

高 14 厘米

肉髻螺发，头戴五叶冠（佚），束发缯带垂肩。眉间有白毫，双耳有孔。身着袒右肩袈裟，着裙。袈裟与裙轻薄透明，只有从袈裟、裙子边缘的双道连珠纹，才知晓其存在。右手施触地印，左手施禅定印。全跏趺坐于仰覆莲座上。

阿閦佛，代表大圆镜智，居东方妙喜国土，金刚族诸神之主尊，大多数金刚忿怒尊神均被认为是此尊的化现。

阿閦佛

年代 清代

质地 铜鎏金 镶宝石

高 20 厘米

头戴五叶冠，垂目凝视。高发髻，双侧耳际束发缯带呈 U 形。佩花式叶形耳珰、手镯、脚链。身着覆右肩华丽袈裟，袈裟一角搭左肩。右手施触地印，左手施禅定印，掌心立金刚杵。结跏趺坐于仰覆莲座上。莲瓣肥大饱满，顶端饰一周连珠纹，下端饰缠枝纹。

阿閦佛是五方佛之一。坐骑象，身色青，方位东方，标识金刚杵，表征大圆镜智。

阿閦佛

年代　清代
质地　铜鎏金
高 23.7 厘米

头戴五叶冠，肉髻螺发，妙相庄严。束发缯带呈U形。佩巨环锥形耳珰、手镯、臂钏、璎珞式项链。下身着裙，外穿覆右肩袈裟，袈裟一角搭左肩，披云巾。右手施触地印，左手施禅定印。全跏趺坐于仰覆莲座上。

阿閦佛，也译为不动佛。起源可追溯到初期大乘佛教经典，后来并入五方佛系统，代表大圆镜智。居东方妙喜国土，为金刚族诸神之主尊，多数金刚忿怒尊神（本尊或护法）均被认为是此尊的化现。

宝生佛

年代 清代

质地 铜鎏金

高 28.8 厘米

佛身黄色，螺发肉髻绀蓝色，眉间有白毫，满月面，朱唇。着裙，系带，饰巴扎图案，身着袒右肩袈裟，袈裟一角搭左肩。右手施与愿印，左手施禅定印。结跏趺坐于仰覆莲座（佚）上。

宝生佛，又名宝胜佛，居于南方，是五方佛（东南西北中）中宝族诸神的主尊。着佛装或菩萨装，代表平等性智。坐姿为全跏趺坐，基本手印是右手施与愿印，左手施禅定印。

阿弥陀佛

年代 辽代

质地 铜

高7.2厘米

螺发低缓，肉髻几乎看不出，两耳垂肩，身着通肩式袈裟。双手施禅定印，持钵。结跏趺坐于圆形仰莲座上，双层莲瓣肥大写实，座下有三道金刚圈，整个莲台呈束腰形。

从现存辽代佛造像可以看出，辽代佛教造像的艺术特征为：造像肩部宽阔，胸肌隆起，有刚健的气势。佛像面形圆鼓，头顶肉髻平缓，螺发正中普遍嵌一髻珠。佛像上身着袒胸式袈裟，下身着裙，衣褶较多。

阿弥陀佛

年代 清代
质地 铜鎏金
高 12.8 厘米

螺发肉髻，身着通肩式袈裟，贴体透明，外披斗篷。全跏趺坐于软垫上。具有藏传佛教前弘期吐蕃造像的特征。

阿弥陀佛

年代 清代

质地 铜鎏金

高 13厘米

螺发肉髻，身着通肩式袈裟，贴体透明，外披斗篷。全跏趺坐于软垫上。具有藏传佛教前弘期吐蕃造像的特征。

无量寿佛

年代　清代

质地　铜鎏金

高 21.3 厘米

头戴五叶冠，冠带呈扇形，极具装饰美。发髻高耸，两缕头发垂肩。眉间有白毫，面含微笑。项挂珠鬘，左肩斜披挂珠。佩硕大叶形耳珰、手镯、臂钏、双层项链、脚镯。上身穿贴身天衣，下身着花边裙子，系璎珞式裙带。双手施禅定印，上托甘露盈满宝瓶。结跏趺坐于椭圆形仰覆莲座上。跣足。莲瓣饱满肥大，上下饰二道连珠纹。

无量寿佛与白度母、尊胜佛母合称“长寿三尊”。

无量寿佛

年代 清代
质地 铜
高 31.5 厘米

头戴五叶冠，绀蓝色葫芦形发髻，顶饰宝珠。两束头发垂肩，左肩斜披络腋，佩圆形耳珰和璎珞式项链。上身穿天衣，下身着裙。双手施禅定印，置宝瓶（佚）。结跏趺坐于仰覆莲座上。

阿弥陀佛有十三名号，无量寿佛为其中之一。

无量寿佛

年代　清代

质地　铜鎏金

高 17.9 厘米

头戴五叶冠，发髻高耸，束发缯带呈 U 形。两束头发垂肩，左肩斜披络腋。所佩耳珰、项链、臂钏、脚链式样精美。上身穿天衣（佚），下身着裙。双手施禅定印。结跏趺坐于方形台上。台座中空，两侧边框饰如意宝；中间下垂团花裙饰，褶皱密集；座上开双孔，应有背光（佚）。

无量寿佛

年代　清代

质地　铜鎏金

高 17.8 厘米

身着菩萨装。双手施禅定印，持宝瓶（佚）。结跏趺坐于仰覆莲座上。

无量寿佛

年代　清代

质地　铜鎏金

高 16.2 厘米

身着菩萨装。双手施禅定印，持宝瓶（轶），结跏趺坐于仰覆莲座上。莲座底部明显增高，突出佛居高临下之势。

无量寿佛

年代 清代

质地 铜

高 17.2 厘米

头戴五叶冠，身着菩萨装，各宝庄严。双手施禅定印，持宝瓶（佚）。全跏趺坐于仰覆莲座上。

无量寿佛

年代　清代
质地　铜鎏金
高 18 厘米

面庞方正，面含微笑，垂眸下视，表情庄严慈和。头戴五叶冠，束发缯带呈 U 形，中间不留缝。身着菩萨装。双手施禅定印，持宝瓶。佩硕大花式耳铛。座台经过改良，仰、覆莲瓣拉开距离，演变成束腰形高台，让佛高高在上，以彰显佛的崇高地位，使信徒产生敬畏之心。

无量寿佛

年代	清代
质地	铜鎏金
高	3.7厘米

双眉高挑，鼻梁修直，双目凝视，面含微笑。头戴五叶冠，发髻高耸，身着菩萨装。佩花式耳珰、项链、臂钏、手镯、脚镯。双手施禅定印，捧甘露瓶。上身披天衣，下身着裙。全跏趺坐于仰覆莲座上。

无量寿佛

年代	清代
质地	铜鎏金
高 11.5 厘米	

面庞方正，葫芦形发髻高耸，双目细长，面含微笑。头戴五叶宝冠，佩花式耳珰，长发披肩。上身袒露，胸饰三层连珠纹项链，双手施禅定印，托钵（佚）。天衣从两肩而下，绕双臂肘间，由身后直落双膝两侧。下身着花边裙。全跏趺坐于仰覆莲台之上。

无量寿佛

年代　清代
质地　铜鎏金
高 12.3 厘米

头戴五叶冠，身着菩萨装，束高发髻。佩菱形耳珰，胸前项链嵌有绿松石。双手施禅定印，持甘露瓶。上身穿轻盈天衣，质感强烈，下身着花边裙。全跏趺坐于仰覆莲座之上，莲座上下边缘饰连珠纹。

073

西方三圣石造像碑

年代 宋代

质地 石

宽 62.5 厘米 高 52 厘米 厚 4.5 厘米

石刻造像居中者，为全跏趺坐姿的阿弥陀佛。其肉髻螺发，耳垂至肩，身着覆右肩袈裟，右手施禅定印，左手施触地印，背部有圆形头光。观世音菩萨立于左侧，手托金莲台。大势至菩萨立于右侧，双手施礼敬印。

在通辽市发现西方三圣造像碑，说明内蒙古地区曾流行以《无量寿经》《观无量寿经》《阿弥陀经》《大佛顶首楞严经大势至菩萨念佛圆通章》《大方广佛华严经普贤菩萨行愿品》等为经典的净土宗。

不空成就佛

年代 清代

质地 铜

高 15.5厘米

肉髻螺发，双目微垂。上身穿袒右肩袈裟，下身着裙，边饰巴扎图案。右手施无畏印，左手施禅定印，立十字交杵（佚）。全跏趺坐于覆莲座上。

不空成就佛在五方佛中居北方，羯磨杵（交杵）为其象征，是羯磨部众神的主尊，代表成所作智，一般施无畏印。

本尊

本尊，梵文为Samgdani。本有而于出世间为最胜最尊，故名本尊。又于诸尊中以其尊为本而尊崇之，故名本尊。大日经本尊三昧品于本尊说字印形之三种。本尊地位在印度和西藏祖师、本初佛之下，五方佛、般若佛之上，因此，本尊是佛教神系中很独特的一个群体。

"印度密教四部"（事部、行部、瑜伽部、无上瑜伽部）都有各自的坛城系统，由一位主尊和一些眷属组成，坛城的主尊就是本尊。本尊分善相、怒相、善怒兼备相。文殊、观音、度母、无量寿属善相；大威德金刚、金刚橛、马头金刚属怒相；密集金刚、上乐金刚、欢喜金刚、时轮金刚属善恶兼备相。几乎所有的本尊都有青色身、忿怒相、多面多手多足，原则上都有自己的明妃，即双身形象。但并非所有的本尊都是双身形象，如威罗瓦金刚就有单身形象的独雄威罗瓦金刚，咕噜古列、空行母、摩利支等也是本尊。普遍观念认为，双身本尊更威猛，能给修持者提供更强有力的保护。多手多足的忿怒形象则是威力和功能的外在表现。修持需依赖金刚上师才能完成，也就是必须由金刚上师在众多的本尊中为修持者选择合适的本尊。

本尊足踏象头人身、马匹、裸人，项挂骷髅头，身系蛇类，全部是烦恼或魔障的化身。西藏各派对本尊神有所偏爱。宁玛派以马头金刚（及其化现的橛金刚）为最重要的本尊；萨迦派的喜金刚地位最高，是此派无可替代的本尊；格鲁派以密集金刚、上乐金刚和大威德金刚作为本派最重要的三大本尊。

双身胜乐金刚

年代　清代

质地　铜鎏金

高 13.5 厘米

胜乐金刚，亦称上乐金刚，藏名音译为“德却”。元代萨迦派奉其为本尊。清代时，被格鲁派奉为无上瑜伽部的五大本尊之一。相传胜乐金刚七十二种双身像，主尊有四面十二臂、一面二臂、一面六臂和黄色胜乐；内密寺院供奉三头六臂、九头十八臂和二十头四十二臂像。

四面十二臂双身像的特点是：主尊四面，每面三目。头戴五骷髅冠，下身着虎皮裙。发束髻，发髻前有双金刚，表示完成了金刚大法的修炼。头顶有一法轮及摩尼宝。身挂用五十颗人头骨和人骨念珠制成的佩饰。十二臂，主臂拥抱明妃，右手持金刚杵，左手持金刚铃，其余手均持法器。右展立姿，右脚下踩一趴伏者（藏语为“久谢”，即“恐怖者”，四只手分别拿着两只棒、手鼓和三叉戟）；左脚踏一仰面身躯的女者（藏语为“都参玛”，四只手分别拿着两根棒、人骨颅器和人骨杖）。

明妃，藏语为“多杰怕姆”，译为“金刚亥母”，是一位著名的空行母。红脸三目，手持月形刀和嘎布拉碗，以五十颗人头骷髅做佩饰，以人骨念珠做装饰。此尊明妃上半身佚，裸人、莲座佚。

双身大威德金刚

年代 清代

质地 铜鎏金

高 19.6厘米

大威德金刚为无上瑜珈部密乘父续的主要本尊，文殊菩萨的忿怒相。其身青色，九头，三十四手，十六足。头戴五骷髅冠，三目。项挂骷髅人首鬘。正二手各持钺刀和嘎巴拉碗，拥抱明妃罗浪杂娃。九头分三层，底层七头，居中头黑色，长一对水牛角，象征阎王；二层为吃人夜叉，左右各三头，颜色各异；顶层为文殊菩萨相。三十二手呈扇形，持钺刀、标枪、捣杵、匕首、短枪、钺斧等法器。十六足踏人、水牛、黄牛等。

佛像中，九头表示大乘佛教的九部经典；三十四手加身、口、意表示佛教三十七道品；十六足表示十六空；左足踏八种人兽表示八种成就；右足踩八种飞禽表示八种自在；裸体表示脱离尘垢；座下莲花表示脱离轮回；莲花上的红日表示心如太阳当空，遍知一切。

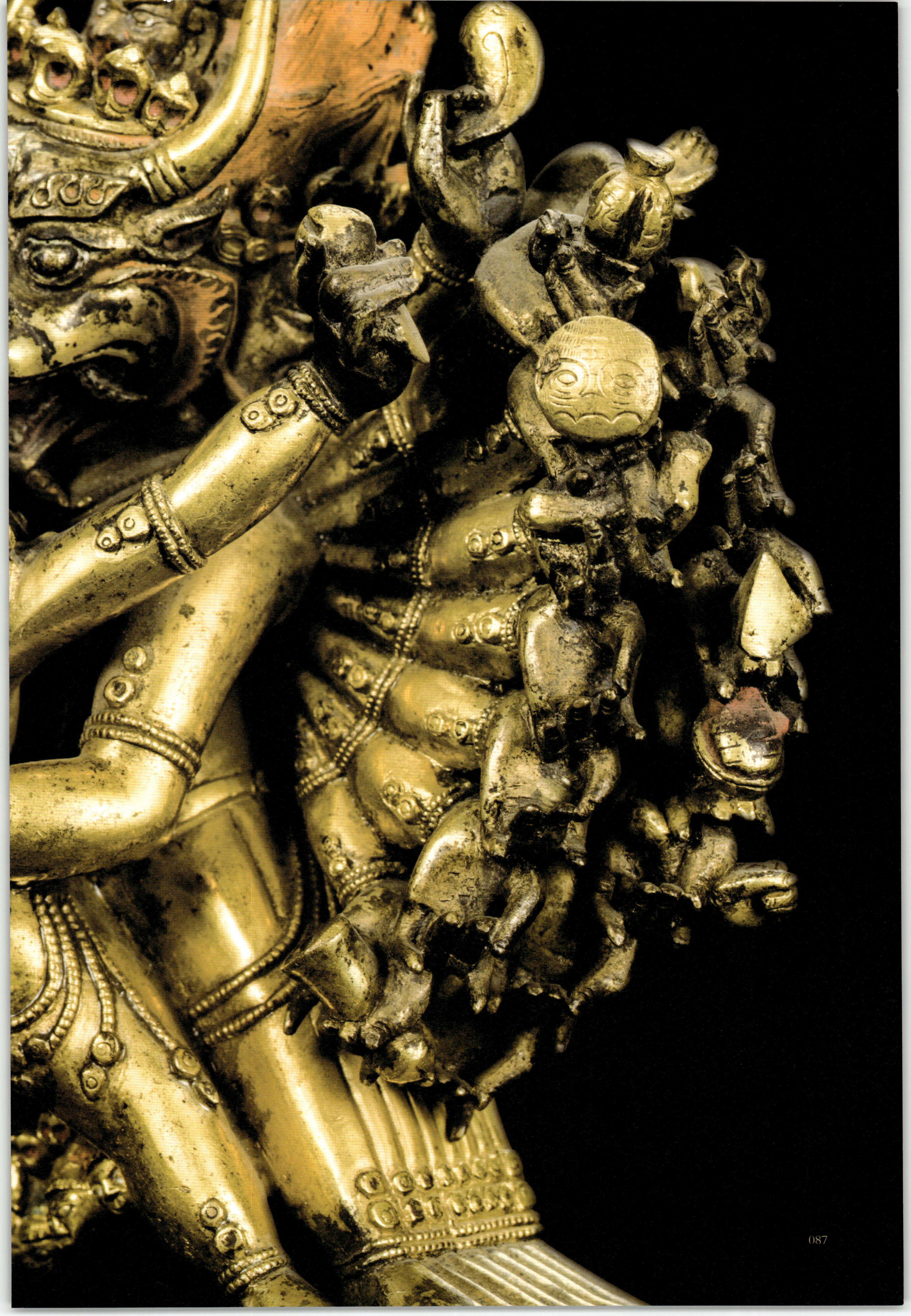

大威德金刚擦擦

年代 清代
质地 泥
高 8.7 厘米 宽 6.6 厘米

尖拱形，脱模压制。大威德九面，三十四臂，十六足。中间的主面是牛头，戴五骷髅冠，两侧各三面。头顶相叠，一金刚面，一佛面。以蛇和人首鬘为佩饰。两主臂拥抱明妃，手持颅钵、钺刀。三十四臂因前后遮挡不可尽现，均戴镯，手均有持物分张如车轮，手持铃、杵、刀、剑、弓、箭、钩、瓶、骷髅等法器。十六条腿左展立姿，立于仰莲座上。脚踏禽兽与外道。明妃全裸，与金刚相拥，两侧边缘有火焰纹。

擦擦（tsa-tsa），是藏语对梵文“Sa-Chaya”的音译，意思是“真相”或“复制”，指一种小型的脱模泥塑。其最初出现于古印度，唐代僧人义净《大唐西域求法高僧传》中记述了印度的“拓模泥像”。唐代内地佛教中也有制作，称其“善业泥”。11 世纪前后，大约在阿底峡大师入藏之时，擦擦由印度传入西藏。早期擦擦边缘不太整齐，胎泥外溢，图像以塔和梵文经咒为多。后来图像中各类佛教神像、藏文六字真言增多。约 13 世纪以后，擦擦随藏传佛教的传播而大量传入内地。

制作擦擦的原料为胶泥，珍贵者中掺有高僧骨灰舍利、名贵香料，用金属模具以捺印或脱模方式制成。信徒制作擦擦以积攒善业功德，制成的擦擦多作为佛塔装藏，或供奉于“擦康”（专门供奉擦擦的小殿）内、玛尼堆上或修行窟中。

般若佛

般若佛是大乘佛教神系中诸佛，是相对密宗本尊而言的分类。《故宫经典——藏传佛教造像》分类采纳了“般若佛”一词。北京故宫宝相楼佛像流失海外，在克拉克《两种喇嘛教神系》中有所记载。其第一部就是般若部，题记云：“第一妙吉祥大宝楼上供奉如是佛说大乘般若品内一切调御丈夫天人师释迦牟尼佛及文殊菩萨、金刚菩萨、观世音菩萨、地藏王菩萨、除诸障菩萨、虚空障菩萨、弥勒菩萨、普贤菩萨八大佛子等。诸如过去七佛、八大药师如来、三十五佛、贤劫千佛，皆可供奉，其经则三大般若、华严、宝积等以及诸经论菩提路等大乘注疏皆宜藏庋，是为最上福田，功德不可思议。”证明般若佛的存在及入选范围。

小乘佛教，为了表示其源远流长，供奉过去七佛，释迦为第七佛。大乘佛教，十方三界佛无处无时不在，犹如恒河之沙数不清。据《三劫三千佛缘起》，过去庄严劫、现在贤劫、未来星宿劫各有千佛问世。单言千佛者，贤劫现劫之千佛，释迦其第四佛也。常住十方一切世界之三十五佛，称三十五忏悔佛，释迦其首位也。金刚乘，在本初佛、五方佛系统中，释迦仅是世间佛之一。他的曼陀罗已经出现，标志着释迦牟尼密教本尊身份的形成。

释迦牟尼成道相

年代　明代
质地　铜鎏金
高 19.2 厘米

螺发肉髻，肉髻上有宝珠。眉间有白毫，耳垂至肩，耳有孔。头部饰有云头纹。身着袒右肩袈裟，袈裟一角搭左肩。右手施触地印，左手施禅定印。结跏趺坐于椭圆形仰覆莲座上。莲座上下饰两道连珠纹，莲瓣饱满，莲座正面前方阴刻“大明永乐年施”。

1986 年，北京故宫博物院院长杨伯达应邀到通辽市博物馆。他在文物库房新征集的上千尊金铜佛像中，一眼看准这尊带有“大明永乐年施”铭文的明代铜坐佛，可谓慧眼识佛。

转法轮印释迦牟尼坐像

年代　清代
质地　铜鎏金
高 16.4 厘米

螺发肉髻绀蓝色，垂目凝视。身着袒右肩花边袈裟。双手施转法轮印。结跏趺坐于仰覆莲座上。

释迦牟尼，佛教创始人。

转法轮印释迦牟尼坐像

年代　清代
质地　铜鎏金
高 21.5 厘米

螺发肉髻绀蓝色。身着袒右肩花边袈裟，袈裟一角搭左肩。双手施转法轮印。结跏趺坐于椭圆形仰覆莲座上。莲座顶部饰一周连珠纹。

释迦牟尼佛

年代 清代

质地 铜鎏金

高6.5厘米

面部浑圆，螺发肉髻绀蓝色。身着袒右肩袈裟，袈裟一角搭左肩，袈裟边缘饰巴扎图案，贴体透明，近似全裸。右手施触地印，左手施禅定印。全跏趺坐于仰覆莲座上。该佛像涂白，发髻边缘、唇、莲座边缘涂红。在造像和绘画中，佛与众不同之处最常表现在顶有肉髻，青绀色螺发右旋，眉间白毫，手足掌心有轮相等。释迦牟尼佛只有坐姿和立姿两种。禅定印、与愿印、触地印、转法轮印和无畏印为常见五大手印。

释迦牟尼，意为释迦族出身的圣人，本名乔达摩·悉达多，是北印度迦毗罗卫国（今尼泊尔南部）净饭王太子。他放弃世俗的富贵荣华，出家修行，最后获得觉悟，创立佛教。据传说，释迦牟尼出生后不久，净饭王曾让仙人艾希达为儿子占相，艾希达看出太子非寻常人物，其体相中有三十二种非凡特征和八十种特点，称为“三十二相”“八十种好”，合称“相好”。

释迦牟尼成道相

年代　清代

质地　铜鎏金

高 35.1 厘米

眉间有白毫，身着覆右肩袈裟，右手施触地印，左手施禅定印。全跏趺坐于仰覆莲座上。此为释迦成道相，袈裟、裙子边缘褶皱密集。

释迦牟尼成道相

年代 清代
质地 石
宽 93 厘米 高 157 厘米

螺发肉髻，身着覆右肩袈裟，袈裟一角搭左臂，右手施触地印，左手施禅定印，持钵，跣足。结跏趺坐于仰覆莲座上，莲瓣自然写实。有头光和背光，上方有日月、祥云，下方有方胜、古币、摩尼宝等。

释迦牟尼在菩提树下悟道，发现了真理，其说法传道的核心内容就五个字“别胡思乱想”。佛经所说的八万四千种法门，只有一个目的，就是不让人胡思乱想。释迦世尊认为，妄想掩盖了佛性，是一切众生沉迷不悟的原因。

释迦牟尼佛

年代 辽代

质地 铜

高 6.7 厘米

面形圆鼓，头戴宝冠，两耳际有两条宝缯垂在两肩，并分段打结，长发披肩，胸前佩连珠璎珞。上身穿袒胸式袈裟，下身着长裙，衣褶较多。右手施无畏印，左手施禅定印。全跏趺坐，双膝收得很紧。莲台为束腰大仰莲式，莲瓣肥硕饱满，舒展自如，花瓣尖端向外翘起，莲座下层为三层台阶式。

释迦牟尼佛

年代　清代
质地　铜鎏金
高 15.5 厘米

双手施转法轮印。全跏趺坐于仰覆莲座上。上身穿袒右肩袈裟，下身着裙。由于印度酷热，袈裟与裙轻薄透明，远观近似全裸。只有从袈裟、裙子边缘的花边，才能看出袈裟、裙子的存在。

释迦牟尼佛

年代	清代
质地	铜鎏金
高 16.5 厘米	

释迦牟尼，如来相。双手施转法轮印。跏趺而坐。

释迦牟尼佛

年代 清代
质地 铜
高 20.9厘米

螺发肉髻绀蓝色，额头较宽，鼻梁高挺，耳垂至肩，垂目凝视。身材修长，着覆右肩袈裟，袈裟边缘刻有细碎花纹。双手施法轮印。结跏趺坐于仰覆莲座上，莲座上缘饰有一周连珠纹。

释迦牟尼佛

年代　清代
质地　铜
高 12.5 厘米

螺发肉髻绀蓝色，眉间有白毫，身着覆右肩袈裟，袈裟一角搭左肩。双手施禅定印。全跏趺坐于椭圆形仰覆莲座上。佛衣带水。

释迦牟尼佛

年代　清代
质地　铜鎏金
高 13.1 厘米

螺发肉髻，耳垂至肩。身着通肩式袈裟，外披斗篷。双手施禅定印，持钵。全跏趺坐于软垫上。具有藏传佛教前弘期吐蕃佛造像的特征。

释迦牟尼成道相

年代　清代

质地　铜鎏金

高 14.7 厘米

螺发肉髻，肉髻上有宝珠，眉间有白毫。眼里涂白，颈部三道纹。身着袒右肩袈裟，着裙，贴体透明，几乎全裸。只有从袈裟、裙子边缘方能看出袈裟和裙子的存在。全跏趺坐于仰覆莲座上。

此为释迦牟尼成道相，表示释迦牟尼佛牺牲自己的一切来为众生求解脱。

释迦牟尼成道相

年代 清代

质地 铜鎏金

高17.2厘米

身着袒右肩袈裟，具备释迦牟尼所有图像学特征。

释迦牟尼成道相

年代　清代
质地　铜鎏金
高 16.5 厘米

螺发肉髻绀蓝色，肉髻上有宝珠。身着覆右肩袈裟，袈裟一角搭左肩。右手施触地印，左手施禅定印。结跏趺坐于椭圆形仰覆莲座上。莲座上端饰一道连珠纹，莲瓣饱满，尖端为如意纹。

此为释迦牟尼成道相，表示释迦牟尼在成道以前为了众生牺牲自己的头目脑髓，这一切唯有大地能够证明，因为这些都是发生在大地上的事。

旃檀佛

年代　辽代	质地　铜鎏金	高 11.6 厘米

螺发肉髻，身着通肩式袈裟，露胸，衣褶密集。右手施无畏印，左手施与愿印。跣足立于仰莲台上。莲台分三层，中层饰覆莲，底层有孔。

旃檀佛像最初是指用旃檀木（有牛头旃檀、赤旃檀、紫旃檀、白旃檀等）雕刻的一种释迦牟尼立像。由印度憍赏优填王首创，他用牛头旃檀木雕刻了一尊高达五尺的释迦牟尼佛等身像，其衣纹表现特殊，后成为一种经典样式。史载，从印度传入东汉皇室的第一尊佛像就是铜镀金旃檀佛像。从此，不论用何种材料，凡按此样式所造的佛像，均名旃檀佛像。

弥勒佛坐像

年代　清代

质地　铜鎏金

高 22.6 厘米

头戴五叶冠，发髻高耸，两侧各有三绺头发垂肩，束发缯带在两侧耳际飘动。项挂珠鬘，佩巨环叶形耳珰、手镯、臂钏、脚镯、脚链、双层项链。上身穿天衣，在身体两侧飘动；下身着花边裙，系璎珞式裙带。双手施转法轮印。跣双足垂坐于座台上。座台由仰覆莲座、须弥座及小莲台三部分组成。弥勒坐于仰覆莲座、须弥座上，双足踏小莲台。须弥座分上、中、下三层，上下二层饰巴扎、莲花图案，中层两侧饰浮雕双狮及摩尼宝。

弥勒为梵语，藏语称“强巴”，蒙古语称“迈达拉”，汉语称“慈氏”，主持未来与光明。此为弥勒正在兜率天宫为诸天说法的形象，工艺精湛，有明代佛造像风格。

弥勒佛坐像

年代　清代

质地　铜

高16厘米

头戴五叶冠，发髻高耸，两侧各有三绺头发垂肩。双侧束发缯带呈U形。眉间有白毫，面含微笑。佩硕大团花式耳珰。上身穿天衣，从双臂垂至莲座；下身着花裙，系璎珞式裙带。跣双足垂坐于须弥座上。须弥座分上、中、下三层。中层两侧饰单狮，下层饰覆莲。弥勒身体两侧是由须弥座长出的两株青莲花，高过肩头，自然弯曲。天衣、裙子、座台满布纹饰，十分华丽。

药师佛

年代　明代

质地　石

高 2.75 米　宽 1.53 米

汉传佛教药师佛，石质雕造，由四部分组合而成。螺发肉髻，眉间有白毫，妙相庄严。身着覆右肩袈裟，袈裟一角搭左肩。右手托一朵莲花执药丸，左手施禅定印，持钵，结跏趺坐于仰覆莲座上。

此尊为通辽地区佛像之最。1985 年，原哲里木盟博物馆从科尔沁左翼后旗乌兰敖道乡乌力吉塔拉村继王庙征集，后移交科尔沁区吉祥密乘大乐林寺。

迦叶倚坐像

年代　辽代
质地　白瓷
高 27 厘米

光头，须眉毕现，目光如炬，表情深邃睿智。额、下巴皱纹深刻清晰。身着交领袈裟，衣褶密集。右手施法印，左手扶膝，倚坐在三孔磐石座上。佛像胎质细腻，釉色润亮，为定窑精品。

迦叶，摩羯陀国人，释迦牟尼贴身弟子之一。出婆罗门氏。其形金色，见佛出家。后世称其为佛教初祖。

阿难倚坐像

年代 辽代

质地 白瓷

高 27.6 厘米

光头，眉目清秀，俊朗可爱。身着交领袈裟，衣褶密集。右手平举至胸前，执念珠，左手扶膝，倚坐在三孔磐石座上。胎质细腻，釉色润亮，为定窑精品。

阿难，王舍城人，斛饭王子，佛之从弟，多闻第一。释迦牟尼佛贴身弟子之一，后世称其为第二佛祖。

迦叶立像

年代 辽代
质地 铜
高 9.7 厘米

光头，额头三道水平皱纹，面相浑圆，颊颐丰满。身着袒右肩袈裟，着裙。右手当胸微屈，左手施禅定印，持钵（佚）。跣足立于圆形覆莲座上。

迦叶，摩竭陀国人，出婆罗门氏。其形金色，见佛出家。释迦牟尼佛贴身弟子之一，后世称其为佛教初祖。

阿难立像

年代 辽代

质地 铜

高 9.6 厘米

光头，面相浑圆，眉间有白毫，颊颐丰满。上身穿袒右肩花边袈裟，下身着长裙。衣褶简约，刻划有力。右手当胸微屈，左手施禅定印，持钵（佚）。跣足立于圆形覆莲座上。

菩萨

菩萨，是梵名音译“菩提萨埵”的简称，“菩提”是“觉悟”之意，“萨埵”是“有情”之意。大乘佛教中，菩萨是智慧和慈悲的结合，地位仅次于佛。智慧指上求佛道，慈悲指下渡众生。修行六波罗蜜多，菩萨十地（第十地为法云地），证得佛果，继续留在人间普渡众生。

菩萨到达菩萨十地的最后一地，即法云地之后，成功地观修。菩萨十地之九地，即进入一个更高阶段的静修，这个高阶段与菩萨之间顺序相连，没有间断。在大乘五道之四的修道阶段，最后的污垢与恶行皆被去除，并从最高层次的静修中获得智慧。身心无牵挂而得解脱。获得解脱之后即进入大乘五道之五的无学道。进入无学道之后，修持者即获得两个佛身，一为法身，一为色身，最后成佛。

雪域西藏供奉“雪域三怙主”：四臂观世音、文殊菩萨、金刚手。蒙地寺庙供奉八大菩萨：观音、弥勒、虚空藏、普贤、金刚手、文殊、地藏、除盖障，其中观世音是中国乃至亚洲的主流信仰。

观音也有“三身”之说，四臂观世音是法身，十一面观音是报身，千手千眼观音是化身。阿弥陀佛生观世音，观世音普渡众生，并衍化贤劫千佛。藏族人民供奉贤劫千佛，而释迦牟尼仅是贤劫千佛之第四位。

观音菩萨坐像

年代　明代

质地　铜鎏金

高 24.5厘米

头戴天冠，冠中有化佛，眉间有白毫，两侧各有三缕头发垂肩。体型丰腴，胸前佩璎珞，上身穿开襟广袖宽袍，袍裳饰花边，下身着裙。右手施与愿印，左手施斯克印。跏趺而坐。

观音菩萨坐像

年代 清代
质地 铜
高 23 厘米

头戴五叶冠，冠中有化佛。面若满月，眉目含慈。天衣披在肩上，璎珞添秀，裙子纹饰似水流淌。双手各牵一枝青莲花，鹦鹉落在左肩花头上。全跏趺稳坐莲台上。

鹦鹉为幸运鸟，伴随观音，形影不离。《西游记》里曾描述观音的道场普陀山的景象：“绿杨影里语鹦哥，紫竹林中啼孔雀。”

观音菩萨像

年代　清代
质地　铜鎏金
高 14.9 厘米

头梳发髻，两束头发垂肩，发中有化佛。眉目清秀，体态优美。左肩斜披仁兽，右手施无畏印，左手身后支撑莲座。裙子贴体，褶皱流畅。跣足转圣轮王坐于仰覆莲台上。莲瓣肥厚，尖部翘起。此为典型藏式造型。

观音菩萨立像

年代　清代
质地　铜
高17厘米

头戴五叶冠，高耸发髻，束发缯带呈S形，妙相庄严。项挂珠鬘，佩花式耳珰、手镯、臂钏、项链。上身穿天衣，天衣从双肩绕臂而下，呈美丽曲线；下身着裙，系璎珞腰带。右手当胸施说法印，左手施说法印。跣足而立。

观音菩萨像

年代　清代

质地　铜鎏金

高 8.1 厘米

头戴五叶宝冠，高耸发髻，两缕头发垂肩。项挂珠鬘，左肩斜披仁兽。双手施说法印，各持一枝青莲花，左莲花上落一只鹦鹉。面相清秀，眉目细长，佩硕大耳珰、手镯、臂钏、项链、璎珞。上身着天衣，腰间以璎珞腰带束长裙，结跏趺坐于仰覆莲座上，莲座上缘饰一道连珠纹。天衣两端从莲座自然垂下。

观音菩萨是“西方三圣”之一，是继承阿弥陀佛佛位的菩萨，也有的说是阿弥陀佛的化身。佛经上说，观音是过去的正法明如来所现化，他在无量国土中，以菩萨之身到处寻声救苦。因此，他无论在大乘佛教还是在民间信仰中都是慈悲和智慧的象征，具有极其重要的地位。以观音菩萨为主导的大慈悲精神，被视为大乘佛教的根本。

莲花手观音

年代	清代
质地	铜鎏金
高	13.2厘米

头戴五叶冠，葫芦形发髻，束发缯带呈U形。项挂珠鬘。圆脸盘，长而弯的翠眉，凤目微张，樱桃小口，耳佩硕大花式耳珰，各宝庄严。天衣绕身垂地，裙子系璎珞式裙带，双手各牵一枝莲花，跣足。

莲花手观音菩萨立像是观音菩萨中最常见的形象之一。据佛经，观音菩萨大体分为佛法、救难、净土三种类型。

观音菩萨像

年代 清代

质地 铜鎏金

高 16.3 厘米

头戴五叶法冠，葫芦型高发髻，束发缯带上扬。项挂珠鬘，左肩斜披帛带，各宝庄严。上身穿天衣，下身着裙，裙子边缘饰巴扎图案，右手施与愿印，左手施三宝严印，右足踏小莲台，左足半跏趺坐于仰覆莲座上。

观音菩萨立像

年代　辽代

质地　铜鎏金

高 10.7 厘米

身材修长，头扎披巾，外穿袍裳，内着长裙。右手握如意，左手贴右手，直立于束腰形座台上。

辽代佛教造像继承了唐代佛教造像典雅端庄的遗风，吸收了南宋佛教造像写实的手法，同时又融入了契丹和北方地区传统的审美情趣和表现技法，在整体风格上体现出多元文化融合的特点，展现出辽代佛造像独特的文化艺术风貌。

观音菩萨立像

年代 辽代

质地 铜

高 6.8 厘米

身材修长，发梳高髻，头扎披巾，外穿袍裳，内着长裙，胸前佩珠串。双手相交，左手持数珠，直立于方形平台之上。

观音菩萨立像

年代　辽代
质地　铜
高 6.2 厘米

身材修长，发梳高髻，头扎披巾，身着纳衣。右手施说法印，直立于圆形仰莲束腰台上。

法身四臂观音

年代 清代
质地 铜鎏金
高 11.7 厘米

一面四臂，白色身。白色身代表自性清净无垢，四臂则代表四无量心。头戴五叶冠，葫芦型高发髻，上有化佛。两束头发垂肩，束发缯带上扬。项挂珠鬘，左肩斜披仁兽。上身穿天衣，下身着裙。主双手合十持摩尼宝，代表智慧与方便合一的双运。右上手持琉璃数珠，代表菩萨度众循环不息。左上手持莲花，代表菩萨无数清净化身。结跏趺坐于椭圆形仰覆莲座上。

四臂观音是观音常见的形象之一，藏名“结热兹恰协哇”，又名六字观音，是雪域西藏的守护神，与文殊菩萨、金刚手菩萨合称“三族姓尊”，具有崇高的地位。

法身四臂观音

年代	清代
质地	铜
高	16.6厘米

神态安详，微带笑容，发髻高耸。头戴五叶冠，两缕头发垂肩，两侧耳际束发缯带呈U形。项挂珠鬘，佩硕大耳珰、手镯、项链。上身穿天衣，下身着裙。主双手合十于胸前，右上手持数珠，左上手持莲花。结跏趺坐于椭圆形仰覆莲座上，莲座上端饰一周连珠纹。

四臂观音是雪域西藏的守护神，藏人由老至幼皆吟诵“唵嘛呢叭咪吽”六字大明咒。藏蒙佛教徒还把达赖喇嘛奉为观音化身。四臂观音与文殊菩萨、金刚手菩萨，合称“三族姓尊”，代表大悲、大智、大力，为密乘行者人人必修的法门。观音头上的五佛冠代表五智，黑发意味着不染，白色身寓意自性清净无尘，不为烦恼、所知二障所障，五色天衣表征着五方佛。观音的两手掌合于胸前，象征他在劝勉诸佛一同救度众生脱离轮回。右手持数珠，象征佛语可将众生从痛苦轮回中解脱出来。左手持莲花则象征清净无染的心。结跏趺的坐姿，代表稳固禅定的境界，表示智慧与方便双运、轮回与涅槃无二的平等性。

法身四臂观音

年代　清代
质地　铜
高 11.2 厘米

双目微闭，面含慈悲。头戴五叶冠，发髻高耸。项挂珠鬘。佩手镯、项链。主双手合十于胸前，右上手持数珠，左上手持莲花。上身穿天衣，下身着裙，结跏趺坐于椭圆形仰覆莲座上。此为观音法身像。

观音是中国乃至亚洲的主流信仰。藏族崇拜观音，认为其祖先为观音化身的猕猴，松赞干布也是观音示现的化身。

法身四臂观音

年代　清代
质地　铜鎏金
高 13 厘米

妙像庄严，头戴五叶冠。发髻高耸，两缕头发垂肩。发髻上有阿弥陀佛，束发缯带呈 U 形。项挂珠鬘，佩硕大耳铛、手镯、臂钏、项链、脚链等。左肩斜披仁兽，上身穿天衣，天衣两端自然垂于莲座。主双手当胸合十，右上手持数珠，左上手持莲花（佚）。结跏趺坐于椭圆形仰覆莲座上，莲座上端饰一周连珠纹。

法身四臂观音

年代 清代

质地 铜鎏金

高 16.2 厘米

面目慈善，微带笑容，头戴五叶冠，肉髻高耸，束发缯带呈 S 形，戴大耳珰、项饰、手镯、臂钏、脚钏等。肩生四臂，主双手当胸合十，右上手持数珠（佚），左上手持莲（佚）。左肩斜披仁兽，上身披天衣帛带，下身着裙裳，衣带飘拂流畅。结跏趺坐于莲座上。

法身四臂观音

年代　清代

质地　铜鎏金

高 8.4 厘米

头戴五叶冠，冠中有化佛，葫芦形发髻，团花耳珰，胸前佩璎珞。主双手合十，施礼敬印，右上手持数珠，左上手持莲花，莲花开敷肩头。上身裸露，下身着裙。法冠、项链、臂钏、手镯、裙带上镶嵌的宝石已失。全跏趺坐于仰覆莲台之上。

十一面观音

年代　清代

质地　铜鎏金

高 30.8 厘米

头戴五叶冠，各宝庄严。上身穿天衣，天衣在身体两侧飘动；下身着裙，系璎珞式裙带。立于圆形仰覆莲座之上。

十一面观音头部排列十分规则，由上而下共分五层。第一层至第三层各三面。据《造像量度经续补》：第一层是慈相，面相平静；第二层是悲相，悲悯众生；第三层是喜相，劝进佛法之相；第四层一面，忿怒明王相。最上是无量光佛，代表佛果。有八臂，主双手合十，施礼敬印。余右手分别持念珠（佚）、法轮（佚），下手施与愿印；余左手持莲花（佚）、弓箭（佚）、净瓶（佚）。

1-1833

十一面观音

年代 清代

质地 石

长 103 厘米 宽 55 厘米 厚 24 厘米

佛像为石板浮雕，周边破损较多。十一面观音头部由下而上共分五层，第一层至第三层各三面，身后呈如意头背光。上方有日月。八臂，主双手合十，施礼敬印。右上手持数珠，右中手施斯克印持法轮，右下手施与愿印；左上手持莲花，左中手持弓，左下手施斯克印持净瓶。以仁兽为络腋斜披左肩。胸前佩瓔珞，细腰丰臀，胯部夸张，下身裹裙，裙带于腹部打蝴蝶结后自然下垂，天衣在身体两侧九曲飞扬。跣足立于方形仰覆莲座之上。

十一面观音

年代 清代

质地 铜

高 27.7厘米

十一面观音头部由下而上共分五层，第一层到第三层各三面。第四层一面，忿怒明王相。最上是无量光佛，代表佛果。八臂，主双手合一，施礼敬印，余右手分别持念珠（佚）、法轮（佚），右下手施与愿印；余左手持莲花（佚）、弓箭（手臂及饰件佚）、净瓶（佚）。身披天衣，下身着裙，佩耳珰、项链、璎珞、臂钏、手镯。手部造型程式化，裙摆划纹稍显僵硬。

密教十一面观音信仰的法脉其实在整个“纯密”构架形成之前已经在中国普遍流传。早在北周武帝时期，耶舍崛多与阇那崛多在长安首先译出《佛说十一面观音神咒经》。据崔致远《唐大荐福寺故寺主翻经大德法藏和尚传》记载，在唐代初期，十一面观音信仰就已在上层社会广为流传，其修持仪轨已初步成形并逐渐进入信仰高潮时期。各类的观音经典和十一面观音的经典也大量翻译，阿地瞿多和玄奘先后译出《十一面观世音神咒经》和《十一面神咒心经》。唐玄宗天宝年间，不空又翻译出《十一面观自在菩萨心密言念诵仪轨经》等。

十一面观音信仰共出现过两个高潮，第一次是北周时期天竺僧人耶舍崛多翻译《十一面观音神咒经》，首次把十一面观音经典引入中国；第二次是唐代，四度翻译十一面观音经典。

骑犼观音菩萨

年代 清代
质地 铜
高 6.2 厘米

头戴披巾，上身穿开襟观音衣，下身着裙。右手托净瓶，左手拿杨柳枝（佚），游戏坐于犼背上。跣足。犼卧伏在仰覆莲座上，回首怒吼，颈部系铃。此为汉式观音，神态欠佳，莲瓣略显呆板。

转法轮印文殊菩萨

年代　清代

质地　铜

高 15.5 厘米

此文殊为八大菩萨组合中的文殊菩萨形象。高发髻，头戴五叶冠，冠带垂落再上扬，呈美丽曲线。项挂珠鬘，佩巨环叶形耳珰、项链、手镯、臂钏、脚镯。两肩头披天衣，下身着花边裙子。双手施转法轮印，各牵莲枝，莲花在肩头开敷，右莲花上置智慧剑，左莲花上置梵匣。结跏趺坐于仰覆莲座上。莲座顶端饰一周连珠纹。天衣两端垂于莲座正面，起到装饰效果。

狮吼文殊菩萨

年代　清代

质地　铜鎏金

高 16.8 厘米

高耸发髻，各有三绺绀蓝色头发垂肩，佩花式耳珰、项链、手镯、臂钏、脚链、璎珞。项挂珠鬘，左肩斜披仁兽。右手当胸，掌心朝上，左手扶狮背，左臂一株青莲花托经卷（佚）。上身裸露，下身着裙，游戏坐于狮背，跣足。坐骑绿鬃毛狮佩铃，回首怒吼，狮背覆垫图案精美，狮尾灵动（佚），四足生云。

文殊菩萨，梵名音译“文殊师利”，意译“妙德”“妙吉祥”，藏名音译“阿热巴扎”。文殊菩萨是佛祖左胁侍，司智慧，五台山为其道场。藏密供奉白文殊、红文殊、黑文殊、四臂文殊等。

文殊菩萨

年代　清代

质地　铜

高 24.2 厘米

双目微垂，头戴五叶冠，发辫披肩，佩耳珰团花，下挂叶形坠，双手施转法轮印各牵莲枝，莲花在肩头开敷。右莲花上为智慧剑（佚），左莲花上置般若经。胸前佩璎珞，各宝庄严。上身穿天衣，下身着裙，裙带为璎珞式，裙摆在双腿间堆叠粗线条衣褶。天衣自双肩而下，过腋下，从肘部绕双臂下至身后座上，再从身下而过，到座前垂落。全跏趺坐于椭圆形仰覆莲座上。

黄文殊菩萨

年代　清代
质地　铜鎏金
高 6.5 厘米

高发髻，头戴五叶冠，束发缯带呈 U 形。项挂珠鬘，佩花式叶形耳珰、手镯、臂钏、脚镯、脚链、项链。左肩斜披缯带，上身穿天衣，下身着裙。右手上举智慧剑，左手牵青莲花，莲花高于肩头置梵匣，结跏趺坐于椭圆形仰覆莲座上，莲座上端饰一周连珠纹。

文殊菩萨为释迦牟尼佛的左胁侍，聪明智慧。在道教中称其文殊广法天尊。

黄文殊菩萨

年代　清代
质地　铜鎏金
高 10.6 厘米

发髻高耸，呈绀蓝色，两缕头发垂肩。束发缯带呈 S 形。项挂珠鬘。佩硕大花式耳珰、手镯、臂钏、脚镯、两层项链。上身穿天衣，下身着花边裙子。右手上举智慧剑（佚），左手施说法印，牵一枝青莲花，青莲花高于肩头置梵匣。结跏趺坐于椭圆形仰覆莲座上，莲座上端饰一周连珠纹。

文殊菩萨，为佛教四大菩萨之一，与般若经典关系甚深，故称为大智文殊师利菩萨。其形象一般为右手握智慧剑，象征以智慧之利剑斩断蠢痴，左手持莲花，莲花上放置般若经，象征纯洁无染及智慧与慈悲。

黄文殊菩萨

年代 清代

质地 铜

高 9.8 厘米

头戴五叶冠，葫芦形高发髻，两束头发垂肩，束发缯带上扬。项挂珠鬘，各宝庄严。天衣绕身飞舞，腰系长裙。右手上举喷焰宝剑，左手牵一枝青莲花，高于肩头，莲花上置梵匣。体态呈三折枝式，全跏趺坐于仰覆莲座上。

文殊菩萨，或称文殊室利、曼殊室利等，为佛教智慧的保护神。因具好战的神格，故有很多怛特罗形象，以大威德本尊形象最为著名。在西藏，莲花生和宗喀巴均被认为是文殊菩萨的化身，还认为皇帝是文殊菩萨在世间的转轮王化现，因此，文殊菩萨不仅成为藏传佛教的重要尊神，而且在宫廷佛教中有重要地位。

黄文殊菩萨

年代　清代

质地　铜

高 16.5 厘米

此尊符合黄文殊菩萨图像学一切特征。天衣右侧系结，是一种经典做法。

黄文殊菩萨

年代　清代

质地　铜鎏金

高 9.8 厘米

身着菩萨装，右手上举智慧剑（佚），左手牵青莲花，青莲花上置经卷。全跏趺坐于仰覆莲座上，天衣两端垂于莲座正面。

此佛像具有北京故宫宝相楼佛造像风格。

敏捷文殊

年代 清代

质地 铜鎏金

高 11.1 厘米

头戴五叶冠，葫芦形发髻，束发缯带上扬。项挂珠鬘，各宝庄严。天衣在身体右侧呈圆环，腰系长裙。主右手持箭（佚），主左手持莲花经卷（佚），右上手持智慧剑（佚），左上手持弓（佚）。全跏趺坐于仰覆莲座上。

斯克印青衣手持金刚

年代　清代
质地　铜鎏金
高 17.4 厘米

一面二臂三目，忿怒相。头戴五骷髅冠，火焰发上冲，束发缯带上扬。项挂人首鬘，胸前佩璎珞。佩环式叶形耳珰、手镯、臂钏、脚镯，天衣灵动飞舞，腰围虎皮裙。右手上举执金刚杵，左手施斯克印，左展立姿。

手持金刚

年代　清代
质地　铜鎏金
高 15.3 厘米

一面二臂三目，忿怒相。头戴五骷髅冠，束状火焰发上冲，束发缯带上扬，各宝庄严。项挂人首鬘、蛇鬘、珠鬘。上身穿天衣，腰围虎皮裙。右手上举金刚杵，左手施斯克印，左展立姿。

金刚手菩萨

年代　清代

质地　铜

高 14.2 厘米

头戴五叶冠，发髻高耸，两缕头发垂肩呈装饰纹，两侧耳际缯带呈 U 形。项挂珠鬘，佩硕大环形耳珰、手镯、臂钏、脚链、项链。右手持金刚杵，左手持青莲花，青莲花高于肩头。结跏趺坐于仰覆莲座之上，莲座上缘饰连珠纹。

金刚手菩萨，又叫“执金刚菩萨”“金刚勇猛心菩萨”“金刚手秘密主”“金刚上首”“金刚藏”“秘密主”等，为“八大菩萨”（观音、弥勒、虚空藏、普贤、金刚手、文殊、地藏、除盖障）之一。以执金刚神的外形出现，常身现一手持铃、一手持金刚杵之相，象征“坚固不坏之菩提心”。他与观音菩萨、文殊菩萨，合称“三族姓尊”，密宗以他为最初的起源。金刚手菩萨具有大神通，可以号令诸天神将、夜叉以降服妖魔。

金刚手立像

年代　清代

质地　石

宽76厘米　高119厘米

一面二臂三目，头戴五骷髅冠，火焰发上竖成桃形，项挂珠鬘及骷髅蔓，佩巨环叶形耳珰、项链、手镯、臂钏、脚镯。上身穿天衣，灵动飞舞，天衣在身体右侧打结；腰围虎皮裙。右手上举，持金刚杵，左手持钩绳。跣足，左展姿立于覆莲座上，背后有熊熊火焰纹。

藏名音译“恰那多杰”，意译为“金刚手”“金刚手菩萨”，分为单尊像和双身像两类，为大势至菩萨的忿怒身，有九种不同的身形相貌。佛经说，金刚手是一切诸佛威德集合之神，深受格鲁派重视。

女尊

女性尊神的大量出现与印度古老的生殖崇拜密不可分。印度生殖崇拜的源头是湿婆，他是生一切主者的神格化身。但湿婆的妻子却是死神，所以人的生死都由这对偶神支配，因此湿婆和妻子大克利也成为生殖的表征。后来在婆罗门的祭祀中，用灵加来代表湿婆，用优尼来代表大克利，此后由生殖崇拜演变成器官崇拜。大克利成为性力女神，崇拜大克利的成为性力派。西藏密乘将这种崇拜升华，视之为“方便”与“智慧”的结合，这种结合可将人的五毒转化成五种智慧。比较婆罗门的祭典与密宗的仪轨，即可知道，这其实是将肉欲转为启发觉性的动力。大克利是印度性力女神，这是男女双修，“乐空双运”的来历。

女尊分度母、明妃和空行母三个类别。度母源于印度，古称多罗女神，她已融入藏族的生活中，藏民从摇篮到坟墓，一生得到度母的护佑。当年，尺尊公主携一尊旃檀度母像入藏，阿底峡大师让度母信仰遍及雪域。度母、观世音与莲花生被藏族供奉为“世间三殊胜之神”，度母示现罗刹女，观音示现猕猴，繁衍藏族，因此藏传佛教认为度母是藏族的祖母。绿度母、白度母、救八难度母、二十一度母，度母的化身，愤怒像、寂静相，数也数不清。明妃，《造像量度经续补》云：“五行之真性，为五部佛母（亦云明妃）。”实际上明妃广义上是指怛特罗佛教中双身修行中的女尊。《造像量度经续补》中专指以五方佛为中心的神系中各尊所现双身修行形象。明妃一般没有单身供奉的情况，多是与主尊拥抱交接的姿态。空行母，字面解释是“穿越天际者”，这象征性地表明，这是一个沉浸在空性体验中的人。空行母是瑜伽母，她已获得成就，拥有密乘法力，是教法的护法或圆满智慧女神。空行母通常画成裸体舞蹈状，身上装饰着五骨以示庄严。例如，那若空行母、狮面空行母、虎面空行母、熊面空行母等。

白度母

年代　清代
质地　铜鎏金
高 17 厘米

一面二臂七目。头戴五叶冠，发髻高耸，各有三缕头发垂肩，发梢花头耐看。双侧耳际束发缯带呈 S 形。项挂珠鬘，佩花式叶形耳珰、手镯、臂钏、脚镯、项链，项链中心垂下三根珠串。上身穿天衣，自肩绕臂垂于莲座，下身着花边裙子。右手施与愿印，左手施说法印。两株乌巴拉花高于肩头，正在开敷。结跏趺坐于仰覆莲座上，莲座顶端饰一周连珠纹。

白度母

年代　清代

质地　铜鎏金　镶宝

高11厘米

一面二臂七目。头戴五叶冠，发髻高耸。两束头发垂肩隐于身后。双侧耳际束发缯带呈 S 形。项挂珠鬘。佩硕大花式叶形耳珰、项链、手镯、臂钏、脚镯。上身穿天衣，自肩绕臂垂于莲座，略显呆板；下身着花边裙子。右手施与愿印，左手施三宝严印，双手各牵一枝乌巴拉花，乌巴拉花高于肩头，结成花蕾。结跏趺坐于仰覆莲座上，莲座顶端饰一周连珠纹。

度母源于印度，其原型是一位印度女性，后被尊为救度之母，即度母。白度母是度母成员之一，是唐文成公主的化身，她与无量寿佛、尊胜佛母合称“长寿三尊”；她与观世音、莲花生合称“世间三殊胜之神”。

白度母

年代 清代	质地 铜鎏金	高11厘米

一面二臂七目，白色身，头戴五叶冠，高耸发髻，束发缯带呈U形，各有三缕头发垂肩。各宝庄严。上身穿天衣，下身着薄裙。右手施与愿印，持一枝乌巴拉花，乌巴拉花高于肩头，左手施三宝严印，牵一枝高过肩头的乌巴拉花。结跏趺坐于仰覆莲座上。

白度母

年代　清代
质地　铜鎏金
高 10.8 厘米

一面二臂七目，白色身。头戴五叶冠，高耸发髻，束发缯带呈 U 形，各有三缕头发垂肩。各宝庄严。上身穿天衣，下身着薄裙。右手施与愿印，持一枝乌巴拉花，乌巴拉花高于肩头，左手施三宝严印，牵一枝高过肩头的乌巴拉花。结跏趺坐于仰覆莲座上。

白度母

年代　清代
质地　铜
高 32 厘米

一面二臂七目。发梳高髻，项挂珠鬘。左肩斜披帛带，各宝庄严。天衣灵动飞舞，裙子边饰巴扎图案。右手施与愿印，左手施三宝严印。全跏趺坐于仰覆莲座上。

此尊采用锤鍱、施金工艺，又名“金薄像”或“金箔像”。

绿度母

年代　清代
质地　铜鎏金
高 9.5 厘米

面含微笑，目微睁。头戴五叶冠，缯带呈 S 形上扬，长发披肩。佩耳珰、项链、臂钏、手镯、脚链。上身披天衣，天衣两端垂于莲座正面；下身着裙，裙子边缘饰巴扎图案。右手置于膝上，施与愿印，左手施三宝严印，双手牵乌巴拉花，开敷肩头。游戏坐于仰覆莲座上，右脚下踏小莲台。

绿度母

年代　清代

质地　铜

高 14.6 厘米

慈容丰秀，发梳高髻，丰乳细腰，身材修长，呈三折枝式。头戴珠宝花冠，两端呈扇形，巨环耳珰，各宝庄严。左肩斜披帛带、珠鬘，绕身一周，腰围宝石裙带。右手施与愿印，左手施三宝严印，各持乌巴拉花（佚）。右足踏小莲台，游戏坐于仰覆莲座上。造像涂红。

绿度母是度母成员之一，是尼泊尔尺尊公主的化身。

绿度母

年代　清代
质地　铜鎏金
高 10.8 厘米

面如芝麻，目微睁，面含微笑。头戴五叶冠，缯带呈 S 形上扬，长发披肩。佩团花耳珰、项链、臂钏、手镯、脚链。上披天衣，下身着花边裙。右手置于膝上，施与愿印，左手施三宝严印，双手牵乌巴拉花，开敷肩头。游戏坐于仰覆莲座上，右脚下踏小莲台。

绿度母

年代　清代

质地　铜鎏金

高 15.4 厘米

此尊符合绿度母所有图像学特征，借鉴北京故宫宝相楼造像风格。

庄严神韵

绿度母

年代	清代
质地	铜
高 11.6 厘米	

少女妙相，体态呈三折枝式。发梳高髻，头戴珠宝花冠，两端呈扇形，佩巨环耳珰，各宝庄严。双乳隆起，腰围长裙，系如意裙带。左右生出两株巨莲，巨莲。右足踏小莲台，游戏坐于仰覆莲座上，莲瓣状如铜钹。

阿弥托佛生观音，观音又生绿度母，绿度母为

绿度母

年代　清代

质地　铜鎏金

高 10.8 厘米

此尊符合绿度母所有图像学特征。

绿度母

年代　清代
质地　铜鎏金
高 18.6 厘米

此尊符合绿度母所有图像学特征。

四臂般若佛母

年代　清代

质地　铜鎏金

高 18 厘米

妙像庄严，一面四臂。头戴五叶冠，发髻高耸，两缕头发垂肩，束发缯带呈S形。佩耳环、项饰、胸饰、手镯、臂钏、脚钏、瓔珞等。右手执经卷（佚），左手施禅定印，置尊胜瓶，右上手握金刚杵，左上手牵莲花（佚）。结跏趺坐于椭圆形仰覆莲台上，莲台上端饰连珠纹。

般若波罗蜜，是诸佛之母，父母之中母之功最重，故佛以般若为母。《般若波罗蜜多心经》中的大明咒，即为般若佛母之真言。般若波罗蜜，是一切佛法宝藏中无上至深的精髓，是佛陀真正的法身舍利，三世如来无不依之而成就正等菩提。

尊圣佛母

年代　清代

质地　铜鎏金

高 11.2厘米

身白色，三面八臂，每面各三目。三面，中白、右黄、左蓝。八臂，主右手持十字交杵，主左手执金刚索；右上手托化佛，中手持箭，下手施与愿印；左上手施无畏宝印，中手执弓，下手置双膝上托尊胜瓶。上身穿天衣，下身着裙。全跏趺坐于仰覆莲座上。

尊胜佛母是无量寿佛的化身。

尊圣佛母

年代　清代	质地　铜	高 15.3 厘米

三面八臂，每面各三目。八臂，主右手持十字交杵，主左手执金刚索；右上手托化佛，中手持箭，下手施与愿印；左上手施无畏宝印，中手执弓，下手置双膝上托尊胜瓶。上身穿天衣，下身着裙。全跏趺坐于仰覆莲座上。

尊胜佛母是无量寿佛的化身。

尊圣佛母

年代 清代	质地 铜鎏金	高 10.8 厘米

此尊具备尊胜佛母所有图像学特征。

白伞盖佛母

年代　清代

质地　铜

高 14.8 厘米

一面二臂，身白色。头戴五叶冠，发梳高髻，束发缯带呈 U 形。项挂珠鬘，各宝庄严。天衣绕身飞舞，腰系长裙。右手结施依印，左手持伞盖（佚）。全跏趺坐于仰覆莲座上。莲座上沿饰连珠纹，底部有高台。

白伞盖佛母

年代 清代

质地 石

宽 76 厘米 高 118 厘米

一面二臂三目，头戴五叶冠，葫芦形发髻高耸，束发缯带呈 U 形。项挂珠鬘，各宝庄严。左肩斜披缯带，上身穿天衣，灵动飞舞；下身着裙，系带。右手结施依印，左手结斯克印，执白伞。结跏趺坐于仰覆莲座上。身后有头光、背光，背景祥云缭绕。《佛说大白伞盖总持陀罗尼经》记其事曰："一面二臂具三目，金刚跏趺而坐，右手作无怖畏印，左手执白伞当胸，严饰种种璎珞，身色洁白如雪山上日光明照，具喜悦相显无自性，应观如镜中像然。"

白伞盖佛母

年代　清代
质地　铜鎏金
高 17.2 厘米

芝麻面，三目。头戴五叶冠，发髻高耸，两绺头发垂肩，项挂珠鬘。佩手镯、臂钏、双层项链、脚镯、脚链。上身穿天衣，下身着花边裙。右手结施依印，左手持伞盖（佚）。结跏趺坐于仰覆莲座上，莲座上端饰一周连珠纹。

狮面空行母主眷造像碑三尊

年代	质地
清代	石

库伦旗福缘寺西厢房门廊保存一通狮面空行母、虎面空行母、熊面空行母组合造像碑。其中狮面空行母居中，高大威猛；虎面空行母居右；熊面空行母居左。三者主次分明。背景为熊熊火焰纹。此像所表现的是以狮面空行母为中心，两位护法神伴随的情景。

狮面空行母，一面二臂，狮子面，蓝色身，藏名音译“森多玛”。火焰发髻，头戴五骷髅冠，三目圆睁如铜铃，怒吼状。项挂五十颗骷髅鬘，胸前佩璎珞，佩手镯、臂钏、脚镯。上身穿天衣，腰围虎皮裙，跣足。右手上举钺刀，左手当胸托嘎巴拉碗。肘间持骷髅杖。左足舞蹈姿立于人尸上，人尸伏于倒三角形法源，环围覆莲座。虎面空行母、熊面空行母的扮相与狮面空行母相同。

传说狮面空行母为观音菩萨示现，虎面空行母为普贤菩萨示现，熊面空行母为文殊菩萨示现。三尊均受宁玛派（红教）、萨迦派（花教）供奉，在格鲁派寺院中不多见。因此，在福缘寺出现当属个案。

在印度教和佛教密宗经文中，倒三角形为“阴性”，象征女神的“阴道”；正三角形为“阳性”，象征着男神的“阴茎”。狮面空行母、虎面空行母、熊面空行母均为女身护法，所以从各自的倒三角形法源升起而护法。法源是代表生成某些神灵的观修场所，法源平面可画成倒三角形、交叠的六角形或其他形状。

狮面空行母

年代　清代
质地　铜鎏金　镶宝
高 14.4 厘米

火焰发髻，头戴五骷髅冠，双侧耳际束发缯带呈 U 形，狮子面，怒吼状。项挂五十颗人首鬘，佩手镯、臂钏、脚镯、璎珞。上身穿天衣，腰围虎皮裙。右手上举钺刀，左手托嘎巴拉碗。双乳下垂，跣足。左足舞蹈姿立于长发女尸之上，女尸伏于仰覆莲座上。

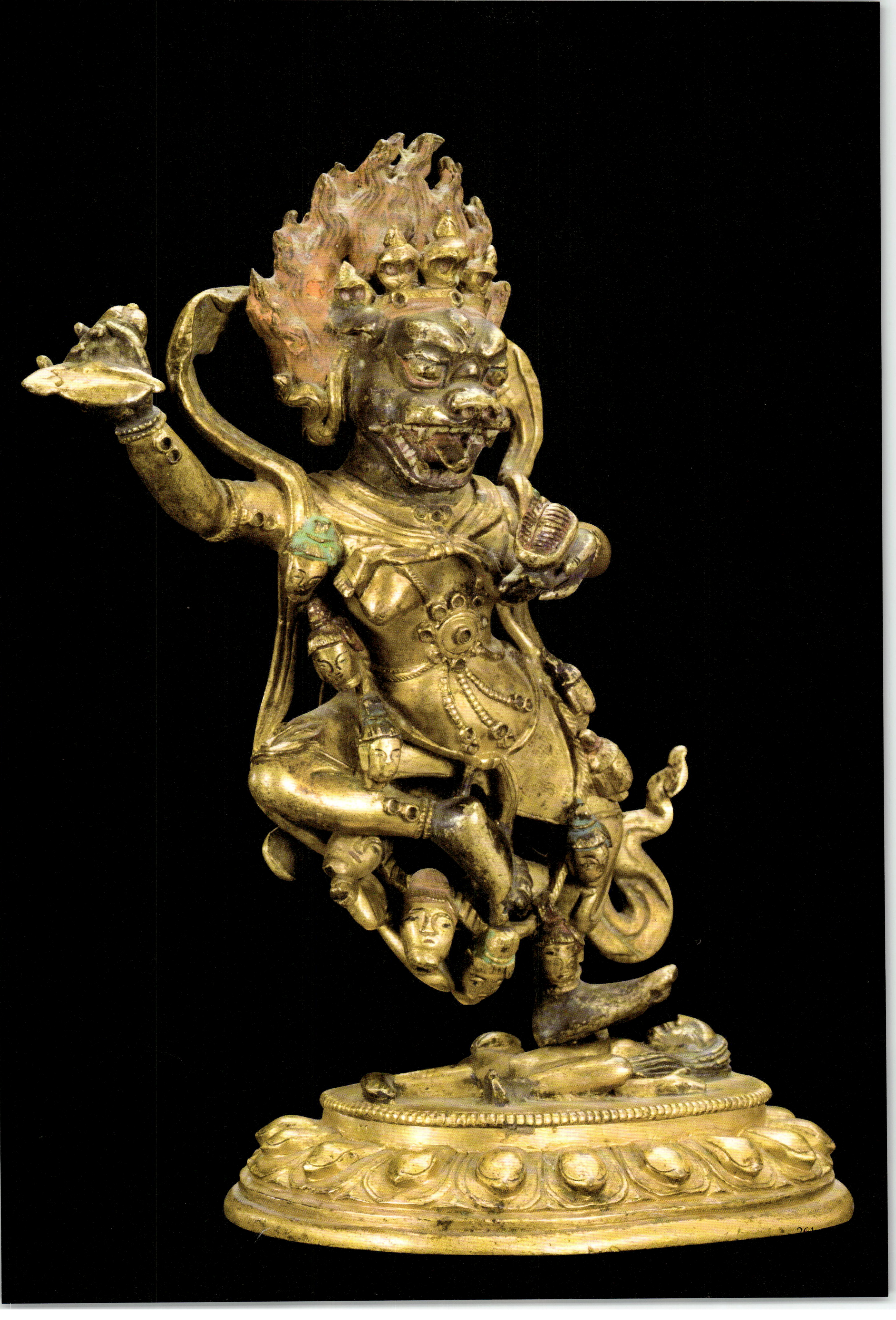

虎面空行母

年代 清代

质地 铜鎏金 镶宝

高 9.7 厘米

血盆大口，双耳上竖，项挂珠鬘。佩手镯、臂钏、脚镯。双肩披人皮，腰围虎皮裙。一条天衣灵动飞舞，形成曲线美，天衣右侧打结。右手上举执钺刀，左手当胸托嘎巴拉碗，左足舞蹈姿立于覆莲座上。

虎面空行母是普贤菩萨的化身。

那若空行母

年代 清代
质地 铜鎏金
高 14.8 厘米

身红色，一面二手，双足左曲右伸而立。右手持金刚钺刀，左手持颅器。腋夹天杖（佚），脸部朝天作饮势。天杖顶部挂有法轮、双面鼓、幡三种法器。黑发卷曲，头戴五骷髅冠，项挂五十颗骷髅鬘。

那若空行母是古代印度大成就者那若巴传承来的，与帝释空行母和弥支空行母称为“三空行母”，均为藏密无上密乘之本尊。

护法

护法是指卫护佛法及卫护修持佛法之人的神灵，大体分为两类，即世间护法和出世间护法。世间护法又称外护法，出世间护法又称内或密护法，二者有高下之分。

据《造像量度经续补》云："谓忿怒明王及恶相明王护法，乃以慈力为降服世间纯阴毒种，特变猛烈之相也。上品谓之明王，列于众者即为护法。"又云："一切护法神总归于男女二宗，男尊以大黑天为首，女宗以福女天为首（亦名功德天女）。此乃据无上教而言也。若依通教则属主守国土神（一天下有八大守土神）。印土西番番僧诸刹莫不以斯二尊为先。"由此可知，护法为低于明王的神灵，大黑天、吉祥天母为男女二宗显赫护法神。显教护法赖以四大天王为最普遍护法。

护法来源有三：1. 印度教神祇被佛教容纳，如印度教三大主神之一湿婆降为护法神；2. 苯教众神祇为莲花生收服立誓护法；3. 宗派或个人护法。宗喀巴护法为犀甲护法，班禅达赖护法为吉祥天母。某宗派护法为白哈尔神。

蒙古地区寺庙设有护法殿，供奉以本尊大威德金刚为中心的或五尊或七尊或九尊或十一尊护法神。其中五尊指：大威德金刚、六臂大黑天、吉祥天母、外修阎魔、毗沙门。其他有贝格遮、狮面空行母、白哈尔、不动金刚、马头金刚、金刚手等。

护法本是释迦牟尼及莲花生等降服立誓卫护佛法及卫护修持佛法的人的神灵，世间护法神全部由出世间护法神充当，出世间护法神有强烈卫护佛法的意愿。佛、菩萨又变幻出护法，如不动金刚由阿閦佛变幻。金刚手、马头金刚、外修阎魔分别由大势至菩萨、观世音菩萨、文殊菩萨变幻。本尊、佛、菩萨充当护法神，体现出护法神多元化趋势。

吉祥天母

年代　清代

质地　铜鎏金

高 24.4 厘米

火焰发，发中有弯月，头戴五骷髅冠。三目圆睁，口中咬人身。冠带呈曲线美，项挂珠鬘，佩巨环叶形耳珰、手镯、脚镯。上身前胸系人皮，套短袖袄，腰围虎皮裙，天衣绕过发髻垂于身后。右手上举执钺刀，左手当胸托嘎巴拉碗。游戏坐于骡背上，跣足。

吉祥天母，俗称“骡子天王”。骡子行走在血海之中，张口嘶鸣，尾巴下垂，其后臀长一只眼。牵骡子的缰绳是毒蛇，垫在骡背的是人皮。五十颗人首鬘，套在骡子的脖子上，疾病种子袋挂在骡子前腿，魔线球挂在骡子后腿。

吉祥天母

年代　清代
质地　石
宽 76 厘米　高 120 厘米　厚 23 厘米

一面二臂，身蓝色，火焰发髻，头戴五骷髅冠。三目圆睁，口中咬人身。右耳环以狮为饰，左耳环以蛇为饰。项挂五十颗人首鬘，各宝庄严。上身穿天衣，肩系人皮，腰围虎皮裙。右手上举金刚杖，左手当胸托嘎巴拉碗。跣足，游戏坐于骡背上。骡的缰绳是毒蛇，骡的臀部长一只眼，骡背垫人皮，人头悬于腹部下端。骡前腿挂疾病种子袋，后腿挂魔线球，狂奔于群山围绕的血海之中。摩羯空行母牵骡在前，狮面空行母断后。

造像碑上方悬华盖，左右日月。

吉祥天母

年代　清代
质地　铜鎏金
高 14 厘米

吉祥天母是梵语“摩诃室利”的意译，又译为“吉祥天女”“功德天”，藏语称“班达拉姆”，俗称“骡子天王”。吉祥天母是西藏万神殿首席女护法神，属出世间护法神。据文献记载，吉祥天母有众多化身，其中知名化身就有二十多位。大体分为忿怒相和寂静相两类。忿怒相以一面二臂莫错玛为代表，俗称“骡子天王”，识别标志为骡子后臀长一只眼，受藏密寺院普遍供奉。寂静相指白拉姆，美若天仙，拉萨地区有民俗白拉姆节。吉祥天母是达赖、班禅及拉萨城的保护神。

世人很少有人知道吉祥天母有五种神器，即疾病种子袋、红咒语包、黑白骰子、魔线球和拘鬼牌。前四种装饰在骡鞍上的小毒蛇身上。第五种拘鬼牌，别在其腰部的蛇皮带上。疾病种子袋和拘鬼牌可以降服龙众和众神；红咒语包可以向佛法之敌发出致命的咒语；黑白骰子表明她对业报的判断和惩罚的范围之广；魔线球可以降服和束缚一切邪恶之敌。

吉祥天母

年代　清代
质地　铜鎏金
高 15.2 厘米

通身黑蓝色，一面二臂三目。头戴五骷髅冠，火焰发髻上冲，头发有月轮，口中咬人身。项挂五十颗人首鬘。各宝庄严。肩披人皮，人皮手足相系于胸前。脐上有日轮，与头顶月轮相呼应。上身穿天衣，腰围虎皮裙。右手挥舞杈杖，左手当胸托颅器。游戏坐于骡背上。骡额部嵌圆镜，臀上有一只眼睛，背上垫人皮，人头悬于骡腹下端，四肢外张。骡的颈上挂骷髅套，前腿挂瘟疫口袋，后腿挂一圆形魔线球。

吉祥天母

年代　清代
质地　铜
高 10.3 厘米

头戴五骷髅冠，红色旋转火焰形头发竖立，发上有半月。面部三目睁得圆而鼓，怒眉，大嘴如盆，口中咬人身。佩圆形耳珰。右手上扬（手残），左手持嘎巴拉碗（手残）。颈戴念珠、人首鬘。一条毒蛇从颈部爬向腹部，蛇头抬起在肚脐日轮上。上身披人皮，下身着虎皮，人皮手足相系于胸前。戴手镯、脚镯、项链。游戏坐于骡背。骡额部嵌圆镜，臀上有两只眼睛，背垫人皮，颈前挂一人首，前腿挂瘟疫口袋，后腿挂一圆形魔线球。

双身三面六臂明王

年代　清代
质地　铜鎏金
高6厘米

主尊三面六臂，正二手持钺刀和颅器；明妃一面六臂，玉臂勾颈。查《内蒙古〈甘珠尔〉佛像大全》，知晓明王系列类佛像甚多,区别甚微。

六臂马头金刚

年代　清代
质地　铜
高 9.5 厘米

马头金刚是莲花部主阿弥陀佛的教令轮身，或由大悲观音所幻现，其身相有多种，但都以头顶上有绿色马首为特征。西藏宁玛派供奉的马头金刚像有一面二臂、三面六臂、三面八臂及有翅膀像。宁玛派重视有翅膀的大密马头金刚，格鲁派重视三面六臂像，将其视为本尊。各教派都供养一面二臂的马头金刚。

一面二臂马头金刚像的特点是：一面二臂，三目圆睁，獠牙外露，发须皆红黄上竖，头顶上有绿色马首（相传观音为啖食一切众生无明业障摧破诸恐怖而现形）。右手持骷髅宝杖，左手施斯克印。头戴五骷髅冠，项挂五十人头璎珞，以虎皮为裙，以蛇为庄严。双足右屈左伸，威立于莲花座上。

三面六臂马头金刚像的特点是：三面六臂，每面三只眼睛。三面顶上有三个绿色马头，乃镇压天上、地上、地下三界药叉之意。口皆作呼叫状，即向三界药叉挑战，意谓："来！压下！"身佩五十颗人头，披人骨念珠，腰围虎皮，肩披象皮。六臂右第一手持金刚，左一手持螺碗；右二手持人肠绳，左二手持剑；右三手持人骨杖，左三手持大鹏鸟。六足，右三屈，左三伸，座托为莲花，上为太阳，背后为火焰。

本像莲花座佚。

黄布禄金刚

年代　清代
质地　铜鎏金
高 10.2 厘米

高发髻，头戴花冠，倒八字眉，络腮胡须。冠带呈美丽曲线，项挂珠鬘。佩巨环圆锥状耳珰、双层项链、手镯、臂钏、脚镯。上身穿天衣，绕过冠部，下身着花边裙。右手握柠檬果（佚），左手托吐宝兽。游戏坐于布满莲花纹饰的双层软垫上。

黄布禄金刚，亦称黄财神，居五姓财神之首。

黄布禄金刚

年代　清代

质地　铜鎏金

高 3.9 厘米

头戴五叶冠，头梳高髻。四方脸庞，络腮胡须。项挂珠鬘，各宝庄严。天衣绕身，腰系裙子。右手握柠檬果，左手托吐宝兽。右足踏海螺宝瓶，左足半跏趺于覆莲座上，莲座下有高台。

白布禄金刚

年代　清代
质地　铜
高 15.4 厘米

火焰发，头戴五叶冠。三目，络腮胡子。所系缯带呈 U 形。佩巨环叶形耳珰、手镯、臂钏、璎珞。上身穿天衣，下身着裙。右手执三叉戟（佚），左手持杖（佚），游戏坐于龙背，跣足。龙长角，张口，覆鳞，短尾，四足，呈行走状。

白布禄金刚，亦称白财神。藏密中司财之神。藏语称“赞布嘎尔布”，意为白财神。

七目不动金刚佛碑

年代　清代
质地　石
通高 230 厘米

身蓝色，一面七目，面三目，四肢各一目。面三目红且圆，右眼仰视，能慑服天魔；左眼俯视，能降服龙及阿修罗；额眼平视，能降服空中飞行的魔类。头戴五骷髅冠（佚），火焰发髻呈扇形。上身穿坎肩，下身着裙，外披长袍，长袍一角搭左肩。一串数珠系左臂，跣足。左手持金刚钩绳缚一裸人，右手挥般若剑准备斩杀。右足踏马，左足踏一裸人。马、裸人均为魔障化身，伏于磐石之上，背景为熊熊火焰纹。覆莲座，中部莲瓣由山形纹遮住。佛龛方形台座，顶部覆瓦。

不动金刚，梵语称“阿遮罗浪驮”，藏语称“卓沃来伏瓦”，是密教大日如来的忿怒形象。不动意为誓愿、决心不动摇。佛经赞曰：“见其身者发菩提心，闻其名者断恶修善，闻其法者得大智慧，知其心者即身成佛。”此尊形象在汉地、西藏和日本等略有差异，西藏各派供奉的不动金刚也有所区别，分青、白、蓝、红。

不动金刚，分二臂、四臂、六臂，以二臂居多。此尊面部刻划完全查玛面具化，阔眉巨口，铜铃眼球，采用夸张手法。口两侧及下部增添装饰纹，如同罩上查玛面具。不动金刚，一般为足踏象鼻天（象首人身），此尊加入蒙古元素，改为踏马。其专司内外密障、瘟疫、夭折、业障，以及增寿、护佑等职，属于福神。

七目不动金刚佛碑是科尔沁草原上的喇嘛庙中唯一一尊保存至今的精美佛碑。

贝格遮

年代　清代
质地　铜鎏金
高 12 厘米

火焰发髻，戴五骷髅冠。右手上举毒蝎剑柄的火焰剑，左手持人心呈欲食状。着严密的铠甲和蒙古式战靴。左展立姿，双足踏躺在覆莲座上的裸人。

贝格遮，又称“姊妹护法”“皮铠甲护法”，藏语称“甲木斯愣”，蒙古语称“贝格遮”。原为藏传佛教宁玛派崇奉的护法神，后来成为格鲁派所崇奉的重要护法神。

柔善阎魔

年代　清代

质地　铜

高 9.7 厘米

头戴五骷髅冠，火焰发髻上冲，束发缯带上扬。牛头忿怒相，巨口獠牙朝天吼。项挂人首鬘，胸前佩璎珞，各宝庄严。天衣灵动飞扬，右侧打环形结，左展立姿，跣足踏伏于覆莲座上的裸人。

却尔扎

年代　清代

质地　铜鎏金

高 15.7 厘米

长者扮相。头戴大边帽，有飘带。额部三道弯曲的皱纹，厚唇，山羊须。身穿交领袍服，外套短袖袄，边缘饰巴扎图案。右手施斯克印，左手施禅定印。游戏坐于公鹿背上。公鹿头上一对三叉角，系项铃，背覆垫，垫饰巴扎图案，足踏女妖（佚）。

却尔扎为内蒙古地区秘密学部扎仓供奉，在密集金刚、上乐金刚、怖畏金刚、却尔扎及达木争等五佛中排行第四，是一位地道的蒙古神祇。

地神达卡

年代　清代

质地　铜

高 8.8 厘米

四齿獠牙，张于唇外，身上佩珠宝璎珞，双腿张开安坐于莲花台座上仰天狂笑。垂直勇武的直线体驱，呈现坚强块状的厚实感，加上昂然有劲的眉宇，使得整体气势强劲丰实。“达卡”乃梵语 daka 的音译，相对于梵语 dakini（空行母）一词，有人将其翻译为“空行父”。不过达卡乃地上神灵，相对于飞翔天空的空行母，译为地神达卡会比较恰当。

如同空行母，地神达卡也是源自于印度古代的地方神灵，但是在印度金刚乘或藏密中，其地位不如女性空行母重要。

地神达卡

年代 清代

质地 铜

高 6.2 厘米

此尊具备地神达卡所有图像学特征。

金刚手三首尊合一

年代　清代
质地　石
高 119 厘米

头戴五骷髅冠，火焰发上冲，发中有马首，落金翅鸟，一面二臂三目，项挂蛇鬘。上身穿天衣，灵动飞舞，腰围虎皮裙。右手上举执金刚杵，左手施斯克印，持钩绳。左展姿立于覆莲座上，背景为熊熊火焰纹。

金刚手是大势至菩萨化身，“三大怙主”之一。蒙古语称“恰格德勒”。

愤怒明王

年代　清代

质地　铜鎏金

高 64 厘米

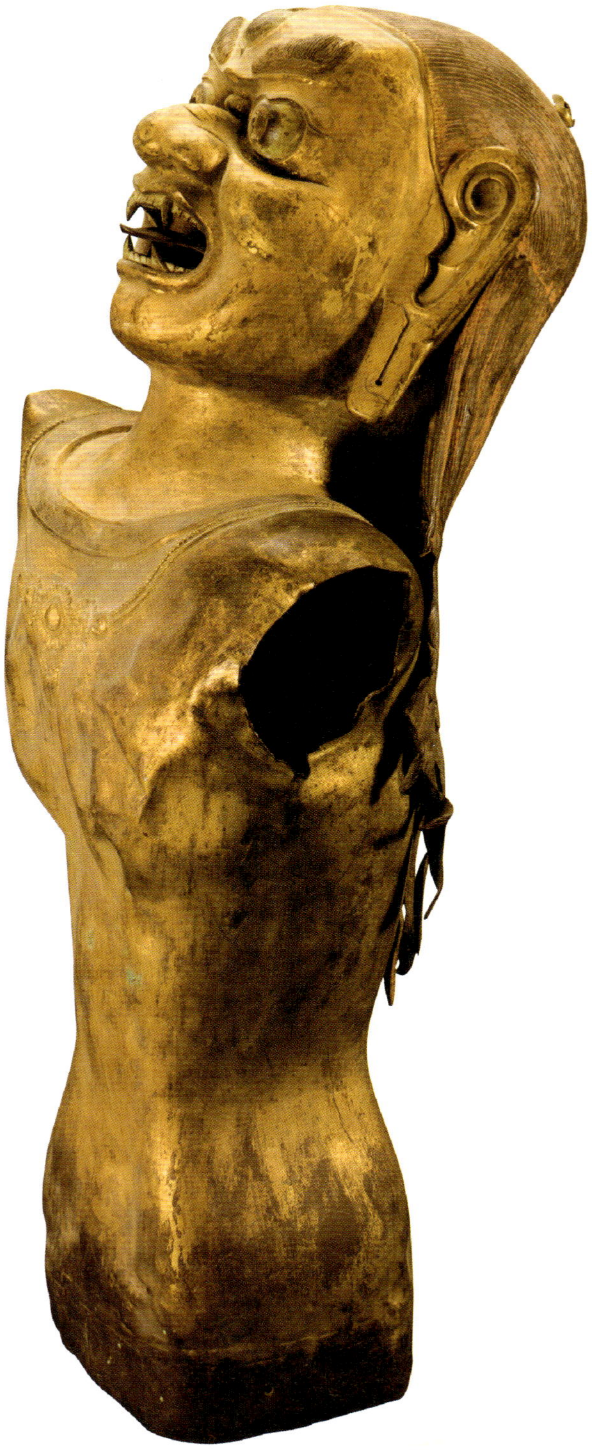

火焰阔眉，三目圆睁如铜铃，粗鼻大耳，巨口獠牙，朝天怒吼。顶饰法轮，长发披肩。裸身断臂，项挂双层项链。

骑羊护法神

年代	清代
质地	铜鎏金
高	8.9厘米

一面二臂三目，忿怒相，长须。头戴五骷髅冠，骷髅头各生一叶，九束头发上冲，束发缯带呈U形，佩花式耳珰，各宝庄严。内着长袍，外套短袖坎肩。长袍、坎肩边饰巴扎图案。着靴。右手高举铁锤（佚），左手拿一虎皮风箱（佚）。游戏坐于羊背上。羊朝前行走，长角垂须。

“骑羊护法”是西藏佛教特有的神祇，藏名为“唐坚噶瓦那波”，汉名为“守哲黑铁匠神”。铁匠工具是他护法的武器，大山羊是他生命的依附。

达木争

年代　清代
质地　铜
高 10.2厘米

长者模样，头戴五叶冠，七束头发隆起，两束头发垂肩，束发缯带呈U形，竖眉瞪眼，满脸胡须半尺长。项挂珠鬘，佩花式椎形耳珰、双层项链、手镯、臂钏、脚镯。身着天衣，灵动飞舞，腰围透明短裙。右手施斯克印，左手持嘎巴拉碗（佚）。跣足，骑一只公羊渡红色海洋，公羊头朝前方，羊须下垂，四腿划水。

达木争与密集金刚、上乐金刚、怖畏金刚、却尔扎统称为秘密学部五佛。

骑牛护法神

年代 清代
质地 铜鎏金
高 13厘米

头戴五叶冠，发髻高耸，项挂珠鬘，各宝庄严。右手施斯克印，左手施与愿印，跣足，游戏坐于牛背上，牛置身波涛之中。

伎乐天

年代　清代

质地　铜鎏金

高 5.4 厘米

头戴五叶冠，项挂珠鬘，佩巨环叶形耳珰。上身穿天衣，灵动飞舞，下身着裙。双手击镲，呈舞蹈姿，左足立于圆形覆莲座上，莲座上端圆形高台饰一周连珠纹。

伎乐天，又名“香音神”或“香阴神”，即“不啖酒肉，唯嗅香气”之意。天欲作乐时，其身自现异相，飞行于天空，手持乐器，蹁跹飘舞，故又称“天乐神”“乐神”“音乐天”“凌空之神”等，是佛教中欢乐吉祥的象征。

湿婆

年代　清代
质地　木质
高 140 厘米

楠木雕塑。湿婆游戏坐于牛背软垫上，其妻帕尔瓦蒂坐在湿婆左腿上。二神均为高发髻，湿婆额上有三道平行纹，项部缠绕一条眼镜蛇。二神怀中坐其子女，其子耿乃希四臂、象头。湿婆以花环为背光，环顶立神鸟。

湿婆，印度教三大主神之一，司毁灭，后被佛教容纳为护法神。

太阳女神

年代　清代
质地　木质
高 160 厘米

楠木雕塑。太阳女神苏丽雅，体态优美，头戴莲冠，佩戴耳环、项链、项鬘、手足镯、臂钏。下身着短裙。左手持宝镜，镜面饰太阳纹。膝下左右站立仙女。背景为果树，枝叶繁茂，果实累累，枝头栖息六只鹦鹉。该女神为印度教女神，后被佛教容纳，供奉于蒙藏地区寺庙。

关公

年代　清代

质地　铜

高 17.5 厘米

头戴扎巾，丹凤眼，卧蚕眉，赤面美髯。内披金甲，外罩绣蟒锦袍，腰束玉带，足登云头战靴。右手捻髯，左手扶膝，垂足而坐，坐于长方形条凳之上。

关公，名羽，字云长，生于公元 160 年，卒于公元 219 年。汉末河东解州（今山西省运城市常平乡常平村）人。自宋徽宗始，历代统治者对其封王封帝，尤其是清朝统治者将《三国演义》当成兵书，将关羽奉为“战神”，修建武庙达三十余万座，崇拜关公达到历史巅峰。关羽还受到佛道两家追捧，在藏传佛教中，关羽身兼护法神、战神和武财神三职，道家封其为“伏魔大帝”。

关羽坐像

年代　清代

质地　铜鎏金

高 17.4 厘米

头扎软巾，丹凤眼，卧蚕眉，赤面美髯，髯长尺许。内着金甲，外罩团花锦袍，腰系玉带，足登云头战靴。容颜肃穆，右手捋髯，左手扶膝，垂足坐于座台上。

关公马卒碑

年代　清代

质地　石

长 125 厘米　宽 22 厘米　厚 17 厘米

此碑取材于《三国演义》中曹操赠关公赤兔马的故事。碑中人物马卒无头，疑是周仓。着明代服饰，戎装扮相。披巾，穿袍服、护胸、护腰，着靴，手牵赤兔马。卒、马立于磐石上，背景祥云缭绕。

造像碑碑额阳刻二龙戏珠图案，呈现皇家气派。

其他

释迦牟尼

年代　清代
质地　石
高90厘米

项衬头光，状如磨盘。螺发，肉髻低缓，螺发正中嵌一髻珠。眉间有白毫，双目微闭，耳垂至肩，中衣直缀露胸，下裙系带。袈裟自身后覆双肩，袈裟一角由右腋下方绕过搭左肩与钩钮联结，衣纹简约。其手印与其他释迦牟尼成道相手印相反，即右手施禅定印，左手施触地印。跏趺而坐。

迦叶

年代　清代
质地　石
高 95 厘米

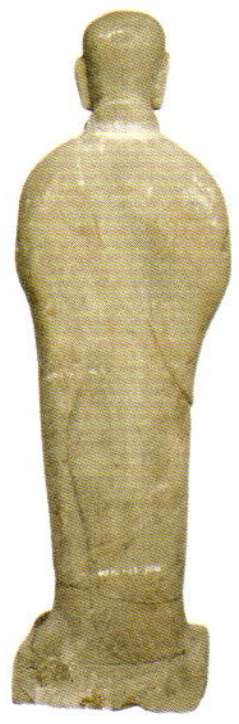

光头，双目微闭，诵经状，额头刻几道曲线皱纹，颈部呈块状隆起。内着偏衫，中衣直缀式。身穿袈裟，袈裟自身后覆左肩，一角由腋下方绕过搭左肩与钩钮联结。双手当胸施观音随心印，跣足直立于方形石板座上。

迦叶，又称老迦叶，长者模样，为释迦牟尼贴身弟子之一。佛涅槃后，继领徒众，后世称其为初祖。

阿难

年代 清代

质地 石

高97厘米

光头，双目微闭，沉思状，下巴刻划弯月痕。内着偏衫，中衣直缀式，袈裟自后覆左肩，袈裟一角由腋下方绕过搭左肩与钩钮联结。双手当胸施智拳印，着靴立干石板座上。

阿难，又称少阿难，后生扮相，为释迦牟尼贴身弟子之一。迦叶圆寂后，继领徒众，后世称其为二祖。

文殊菩萨

年代 清代
质地 石
通高 110 厘米

项衬头光，状如磨盘。头戴花冠，眉间有白毫，双目微闭，双耳际垂下缯带至肩部。上身穿贴身天衣，下身着裙，左肩斜披缯带。佩连珠耳坠、项链、手镯。右手当胸持经卷呈丝棉状，左手施触地印，跣足。半跏垂足坐在垫于狮背之上的椭圆形仰莲座上。

该狮狮头朝前，直立于石板之上，狮头圆眼阔嘴，头项处覆鬃毛，口下系铃。绳纹项圈处有一铁锈痕，原为固定铁链供狮奴牵狮用。狮背覆祥云背垫，背垫一角有折褶。尾巴上贴臀部，狮爪粗壮有力。

文殊菩萨，四大菩萨之一。梵名音译“文殊师利”，略称“文殊”，意译“妙德”“妙吉祥”等，为释迦牟尼的左胁侍，司智慧。通常标识为“智慧剑”和“经卷”，此处省略智慧剑，仅保留经卷。山西五台山（古称清凉山）为文殊菩萨道场。

普贤菩萨

年代 清代
质地 石
通高 110 厘米

以花为头饰，眉间有白毫，双目微闭，双耳际垂下缯带至肩部。上身袒露，左肩斜披缯带，上身穿贴身天衣，绕左臂从正中垂至仰莲座；下身着裙。佩连珠耳坠、项链、手镯。右手握如意，左手施触地印。跣足，半跏趺垂足坐于象背上椭圆形仰莲座。象头朝前行走在石板座上，圆眼阔耳，鼻折断，失去六牙，项部有三道隆起。象背覆背垫，底部有穗。象腿、爪粗壮有力。

普贤菩萨，四大菩萨之一。普贤为梵文（Samantabhadra）的意译，即普遍贤善的意思，音译“三曼多跋陀罗”，为释迦牟尼的右胁侍，司理德，标识为如意。普贤道场为四川峨眉山，六牙白象是菩萨化现的。《普曜经》：“菩萨便从兜率天上垂降威灵，化作白象，口有六牙。”《普贤观经》：“六牙表六度，四足表四如意（欲如意、念如意、精进如意和慧如意）。《摩诃止观》卷二称：“言六牙白象者，是菩萨无漏六神通。牙有利用如通之捷疾，象有大力，表法身荷负，无漏无染，故称为白。”

普贤菩萨

年代　清代
质地　石
高 73 厘米

以花为头饰，眉间有白毫，双目微闭，双耳际垂下缯带至肩部。上身袒露，左肩斜披缯带，上身穿贴身天衣，绕左臂从正中垂至仰莲座；下身着裙。佩项链、手镯。右手握如意，左手施触地印。跣足，半跏趺垂足坐于椭圆形仰莲座上。

地藏菩萨

年代　清代

质地　石

高 70 厘米

以花为头饰，眉间有白毫，双目微闭，双耳际垂下缯带至胸部。上身穿贴身天衣，绕左臂从正中垂至仰莲座底部；下身着裙，腰系裙带。佩璎珞、手镯。右手施触地印，左手持摩尼宝。半跏垂坐于椭圆形仰莲座上。

地藏菩萨，梵名音译为“乞叉底娑婆”，四大菩萨之一。以大愿著称，说他受释迦牟尼的嘱托，在释迦入灭、弥勒未生之际，自誓必度尽之六道众生，拯救诸者，如愿成佛。地藏菩萨的道场在安徽九华山。

阿密特罗汉

年代　清代

质地　石

高52厘米

光头，双目微闭，月牙形嘴。内着偏衫，中衣直缀式，袈裟自身后覆左肩，袈裟一角由右腋下方绕过搭左肩与钩纽联结。右手当胸托宝塔（佚），左手施触地印。着鞋，结跏趺坐于方形石板座上。

阿密特罗汉，又称托塔罗汉。

阿氏多罗汉

年代 清代
质地 石
高 52厘米

光头，双目微闭。内着偏衫，中衣直缀式，外披袈裟。双手隐于袖内。结跏趺坐于方形石板座上。

巴法拉罗汉

年代　清代

质地　石

高 54 厘米

光头，双目微闭。内着偏衫，中衣直缀式。袈裟自身后覆左肩，袈裟一角由右腋下方绕过搭左肩与钩纽联结。右手牵一绳系吐宝兽，吐宝兽尾绕后足一周。左手施触地印。跣足，结跏趺坐于方形石板座上。

嘎沙鸦巴罗汉

年代　清代
质地　石
高 57 厘米

光头，双目微闭，月牙形嘴。身着中衣直缀式，袈裟自身后覆左肩，袈裟一角从右腋下方绕过搭左肩与钩钮联结。一条猪尾龙蟠居左腿呈回首状，猪尾绕右臂一周。罗汉右手施触地印，左手膝上托龙首，结跏趺坐于石座上。

从元代开始十八罗汉一直盛行不衰。进入清朝后，乾隆皇帝联络章嘉国师对十八罗汉进行考证。《秘殿珠林续篇》有“清庆豫德摹贯休补卢楞伽十八应真册”，后有乾隆题颂：第十七位降龙罗汉是嘎沙鸦巴尊者（即迦叶尊者），第十八位伏虎罗汉是纳答密答喇尊者（即弥勒尊者），由章嘉呼图克图考定。由于乾隆参与订正，这一说法得到广泛流行。

罗汉

年代 清代

质地 石

高 52 厘米

光头，双目微闭，口呈一道缝。中衣直缀式，外披袈裟，袈裟一角搭左肩，结跏趺坐于方形石板座上。衣纹褶皱简约，刀法深刻有力。

身份不详。

佛与二弟子

年代　清代

质地　石

高46厘米

释迦居中，目犍连、舍利弗侍立左右。释迦牟尼螺发肉髻，身穿覆右肩袈裟，右手施触地印，左手施禅定印，结跏趺而坐于仰覆莲座上。具有头光、背光。

巴法拉尊者

年代　清代
质地　石
高 24 厘米

危坐一手问讯，放出毫光如镜。左手托吐宝兽，正吐珠宝四颗。尊者仪容，令人瞻仰起敬。

宾度罗跋罗堕尊者

年代 清代
质地 石
高 23 厘米

座畔金经数卷，手探钵里醍醐，座前置一经箧。宾度罗跋罗堕尊者想为众生济拔，洗涤一切烦枯 。

达摩多罗居士

年代 清代
质地 石
高 36 厘米

达摩多罗右手执尊胜瓶，负径函，执拂子。双足侧卧猛虎，伏猛虎随衣履，大功行应无比。现佛身生欢喜。

皮佛龛

年代 清代
质地 皮、木
高 89 厘米

皮佛龛，木框架，包牛皮，正梯形，双拉门。佛龛上部涂三道粗横线，顶部绘八幅轮。安置紫铜转经筒，筒中部饰六字真言，六字真言由六个梵语的兰查字母（兰查字母是梵语的一种文字）组成。筒盖饰八幅轮图案。筒底部饰十字交杵图案。拉门正面镶铜八宝图案，线描十六供养仙女，持物各异；拉门内壁彩绘八吉祥仙女（轮、螺、伞、盖、花、罐、鱼、长），与花共舞。

佛龛右面为彩绘布施图。当空红日祥云，正中是一座汉藏合壁的讲经院。屋顶立八幅轮及对卧双鹿，一对法幢饰骷髅头及三叉戟。外墙饰铜镜和或水平或垂直金刚杵，梯形窗含藏族喜欢的十字图案，一对雪狮中间有符图“卍”，似字非字。庙外绿树红墙，长一株果实累累的桃树与庙顶齐。母牛喂养小牛。水源充足。遍地摩尼宝。寺里寺外有喇嘛二十位，其中一位在屋顶扛一根木头；还有三位席地而坐，由一位讲经；其余领取摩尼宝陆续进殿；最后一位有神通驾云献曼扎。喇嘛扮相携红袋，着裙，袈裟分红色、方格两种，个别持锡杖。由于曼扎、摩尼宝、树木、木头、牛、桃、水，以及庙顶飞檐摩羯、栏杆兽头等全是供品，故称布施图。

佛龛左面为彩绘辩经图，正中是一座汉藏合壁的辩经院，外围曲墙。寺里寺外喇嘛二十八位，屋顶两位吹海螺，两位守门，其余在院内空地外辩经，一位主考喇嘛结跏趺坐于软垫，辩经喇嘛成双作对，情绪激昂，场面热烈。辩经过程中不时吹响海螺，梵音远闻，引得阿弥陀佛从天界乘云降落屋顶。祥云当中四位仙女吹奏海螺、唢呐、箫、笛。另四位仙女持幢、盖、幡、花，全部都是阿弥陀佛的侍从。此辩经图的辩经内容为“净土五部经”。

佛龛背面彩绘牡丹样式的莲花。

此为蒙古民族便携式连体佛龛转经筒，佛龛两侧有把手，正面有皮素，是马背上流动的寺院。

银质佛龛

年代　清代

质地　银

高 26.3 厘米

龛内供奉宗喀巴。宗喀巴头戴班霞帽，一对帽带垂至双肩。细眉厚唇，凝神垂目。内着坎肩，外穿袈裟，袈裟边饰巴扎图案。双手当胸施说法印，各牵一支肥硕的乌巴拉花，乌巴拉花高过双肩，分别置智慧剑和经卷。全跏趺坐于椭圆形仰覆莲座上。

佛龛顶部为如意头形状，佛龛正面底部为山水图，饰对称雪狮及对称游鱼。两侧以舒展的忍冬纹构成连续边饰，边饰中饰轮、螺、伞、盖、花、罐、鱼、长等佛教八宝。顶部为对称双海云龙戏喷焰宝珠。

佛龛背部为常见的南久旺丹，意为十相自在，是时轮之精髓。它是由七个梵文字母和三个图形联合组成，标志密乘本尊及其坛场合为一体的一个时轮圆形，故被认为极具神圣意义和力量。此图案在唐卡、塔门、房门、墙壁、经书封面、岩壁中常见，也可用于绣品佩在身上，具有装饰和辟邪的功能。

护法神查玛面具

年代　清代

质地　木

高88厘米

怒相。头戴五骷髅冠，冠两端各饰花一朵。火焰发上竖，头顶为条叶状。双耳际呈蝌蚪状。三目圆睁，状如铜铃。火焰阔眉，巨口獠牙，口露卷舌。口两端及下部呈装饰纹，颧骨如同肿块，大耳穿孔系彩带。

庙宇形熏香炉

年代 清代
质地 铜、银
高 20.5 厘米

熏香炉，庙宇形。庙顶银质，镂空古钱纹，上立六幅法轮，左右对卧吉祥鹿，寓意“法轮常转”。屋脊两端饰祥云，其中一朵挂宝珠。其余图案为忍冬纹、回纹及仰莲纹。

该熏香炉装饰繁复，佛家气氛浓重。

铺首双耳香炉

年代　清代
质地　红铜
高 44 厘米

香炉器形呈罐状，颈部一周饰八宝图案。肩部有一行藏文，腹部逐渐内收，平底。肩、腹交接处形成折痕，两侧有铺首双耳，衔环，腹部下端伸出三只摩羯足。

此香炉系红铜皮人工锤揲，八宝图案、藏文、铺首及摩羯足全部为后期组装而成，工艺考究。

仿"大明宣德年制"款龙耳三足香炉

年代　清代
质地　铜
高 16.7 厘米　口径 17.8 厘米　腹径 21.6 厘米

铜质，素面，唇口，曲颈，器身饱满，三足短小粗壮。双肩上伏卧蛟龙，身形矫健，四爪有力，背部拱起，盘绕成耳。底款阳文"大明宣德年制"。

此款香炉因"宣德炉"海外闻名。清代宫廷和民间宗教活动频繁，香炉为佛前五供之首，所以仿制"宣德炉"盛行。

仿"胡文明制"款瑞兽耳簋式炉

年代　清代

质地　铜

高 10 厘米　口径 14.4 厘米　底径 11.8 厘米

铜质，短颈，鼓腹，高圈足上饰卷草纹。短颈饰法轮、书函、宝珠、玉磬、犀角、卍字、古钱、方胜、盘长、扇等十种吉祥图案。腹部上下各有一道弦纹，主题纹饰为双云龙戏珠，龙为四爪龙。炉双侧各有摩羯口吐耳，图案繁丽，造型大气。底款双四方框内篆书"胡文明制"。

胡文明，明代制炉名家，此为清仿胡文名簋式香炉。

象鼻三足香炉

年代 清代
质地 铜
高12厘米 口径11.2厘米 足距11厘米

唇口，短颈，扁鼓腹。器足有三，均为象首雕刻状，象首耳、目、牙、鼻俱全，象鼻内收呈V形。口沿饰水平金刚杵，间隔卷草纹，腹部饰镂空古钱纹，下置水平金刚杵，底部三象首由丝带联结，装饰性极强。

香炉，佛教中称为宝鼎，除方形的香炉外，圆形香炉都有三足，摆放时，一足在前，两足在后。

金刚铃

年代 清代

质地 铜

高 15.6 厘米

金刚铃由合金铃和黄铜铃柄组成。金刚铃的铃杆比铃肩部高出一指，铃杆与手柄在肩部合为一体。铃柄顶端为五股杵，四个弯曲外股叉由摩羯口中伸出与中轴股叉呈闭合状态，座落在莲座月亮盘之上。铃的肩部分内区和外区，内区有十六个向四方散射的小莲瓣；外区有八瓣莲花，象征八大男性菩萨，每个莲瓣都刻有藏文字母，象征八大女菩萨或八大供养天女。中部开阔处有八张饕餮脸挂着成串的珍珠，间隔轮、莲花、珠宝、轮、莲花、金刚杵、剑、莲花等，象征八大菩萨。上下环围若干个水平金刚杵和若干个垂直金刚杵。内壁的上端有个环系铃舌，发出“空性之音”，刻有六角形的“法相”。

金刚铃

年代 清代

质地 铜

高 21.5 厘米

金刚铃的构造和图案大体相同，不再赘述。需要强调的是，大智慧波罗蜜多女神座落在覆莲座上。另外，铃的中部开阔处装饰法轮图案，内壁的“法相”疑似六瓣莲花。

杵、铃分别代表阳性和阴性，或代表方便和智慧。

金刚铃杵

年代　清代
质地　铜
高 15 厘米　高 14.4 厘米　高 15.6 厘米　高 15.7 厘米

铃与杵都是密宗法器，用金、银、铜、铁或硬木制成，长度一般在十几厘米至二十厘米，中间为把手，两端为刃头，刃头有独股、三股、五股、九股之别。使用时一手握一只。 铃分碗铃、杵铃和碰铃。此铃为杵铃，也称金刚铃，黄铜铸造，以五股金刚杵做柄，通体饰瓔珞及金刚杵纹。佛教僧人修行六度时摇动金刚铃，意在传扬法音，令众生耳闻而得以受加持。金刚杵表示般若智慧无坚不摧犹如金刚。

九股金刚杵

年代 清代
质地 铜
高 18 厘米

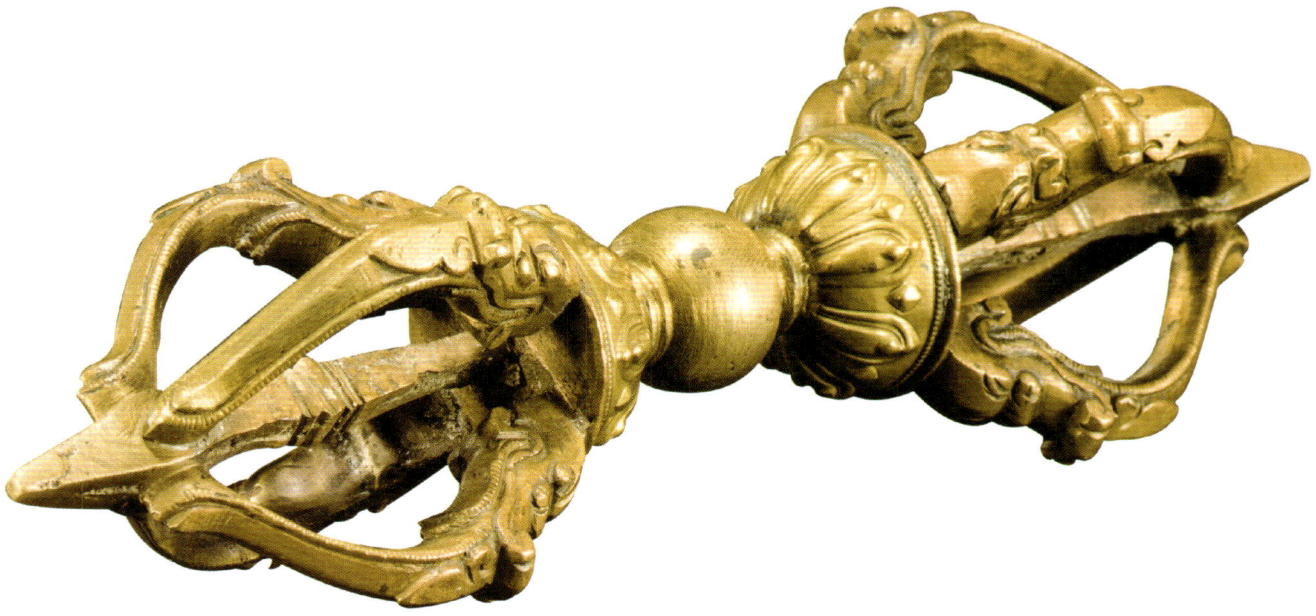

金刚杵，梵文 Vajra（伐折罗）的意译，含“霹雳”（能劈开一切愚昧无知）、金刚石（能摧毁一切恶魔）二义，是佛教密宗表示坚利之智、断烦恼、伏恶魔的法器，分独股、三股、五股、九股。

九股金刚杵的中心点两侧各有三道金刚圈、对称莲花底座及月亮盘。九股金刚杵上有一个中轴股叉和八个弯曲的外股叉，直接插在月亮盘的四大基本方位和四小基本方位上，八个外股叉从摩羯口伸出。三道金刚圈代表空门、无相门和无愿门等三解脱门，八个外股叉象征“八正道”，中央股叉和四大方位上的股叉代表“五佛”，而四小方位上的股叉代表“四佛母”，即占据四方之四佛的女性伴偶。九股金刚杵象征着对宁玛派九乘的彻悟，也象征着八大菩萨簇拥下的金刚持、佛陀、“八正道”，以及坛城的主要中心和八大方位。

事业瓶

年代　清代

质地　铜

高 18.8 厘米

事业瓶，藏语称“贲巴壶”。瓶华盖、短颈、圆腹、高圈足。腹部摩羯头伸出细长流，另有配套细长管从华盖孔插入瓶中，露出短颈瓶口，上插孔雀翎。圈足饰莲纹，华盖饰八宝图案。其中流、短颈、华盖、圈足施金，与红铜瓶体相映成辉。

贲巴壶

年代 清代

质地 铜

高 18.8 厘米

贲巴壶，即事业瓶。瓶华盖、圆腹、高圈足。腹部摩羯头伸长流。其中华盖、流、圈足施金。华盖饰八宝图案，圈足饰仰覆莲纹。其用途为开光、清洁。

彩绘嘎巴拉碗

年代　清代
质地　人骨
高 9.4 厘米　直径 19.5 厘米

嘎巴拉碗（颅器），用人颅骨上半部制成，呈椭圆形，是金刚乘神灵的供器、饭碗或祭祀用碗。瑜伽师、大成就者、空行母、本尊神和护法神的左手都持有嘎巴拉碗。碗内盛有甘露、精液、酒、朵玛和化现为恶魔及邪恶之敌的鲜血。作为苦行僧的乞讨钵或饭碗，嘎巴拉碗呈现出最温婉慈悲的一面，它时时提醒人们牢记死亡、无常及生命的稍纵即逝。

头盖骨前顶是卍字马首连环图案，中心为太极圈，卍字绘有卷草纹。两侧为绀马驮摩尼宝，底沿绘一周骷髅。内壁有一行藏文，未识。

嘎巴拉碗

年代 清代
质地 人骨
直径 16.5 厘米

此碗呈椭圆形，口沿处镶嵌一周银制的骷髅头，制作精美。应是一件密宗最高法无上瑜伽密举行灌顶仪式时用的法器。

银鎏金珊瑚曼扎

年代　清代
质地　银质　珊瑚
高17厘米

此为藏传佛教坛城供器。底层银，二层银鎏金，代表宇宙中的铁围山。底层转圈浮雕转轮王七政宝及宝相花，底部镌刻八宝图案；二层阴刻巴扎图案；三层堆叠珊瑚珠串，其内填充五谷，上置铜鎏金八幅轮，象征宇宙。

铜钹

年代 清代

质地 铜

高 6 厘米 直径 34 厘米

黄铜质，形如笠帽，顶部中间有孔，供穿系。双手敲击发声。主要用于宗教仪式和法事等活动伴奏，分尼泊尔式、藏式、汉式三种。

小法号

年代　民国
质地　铜　银
长40厘米

紫铜镶银，摩羯嘴吐喇叭口，器身饰三道雕花银箍。法号是召集法会或诵经过程中表示佛音远闻的号角。

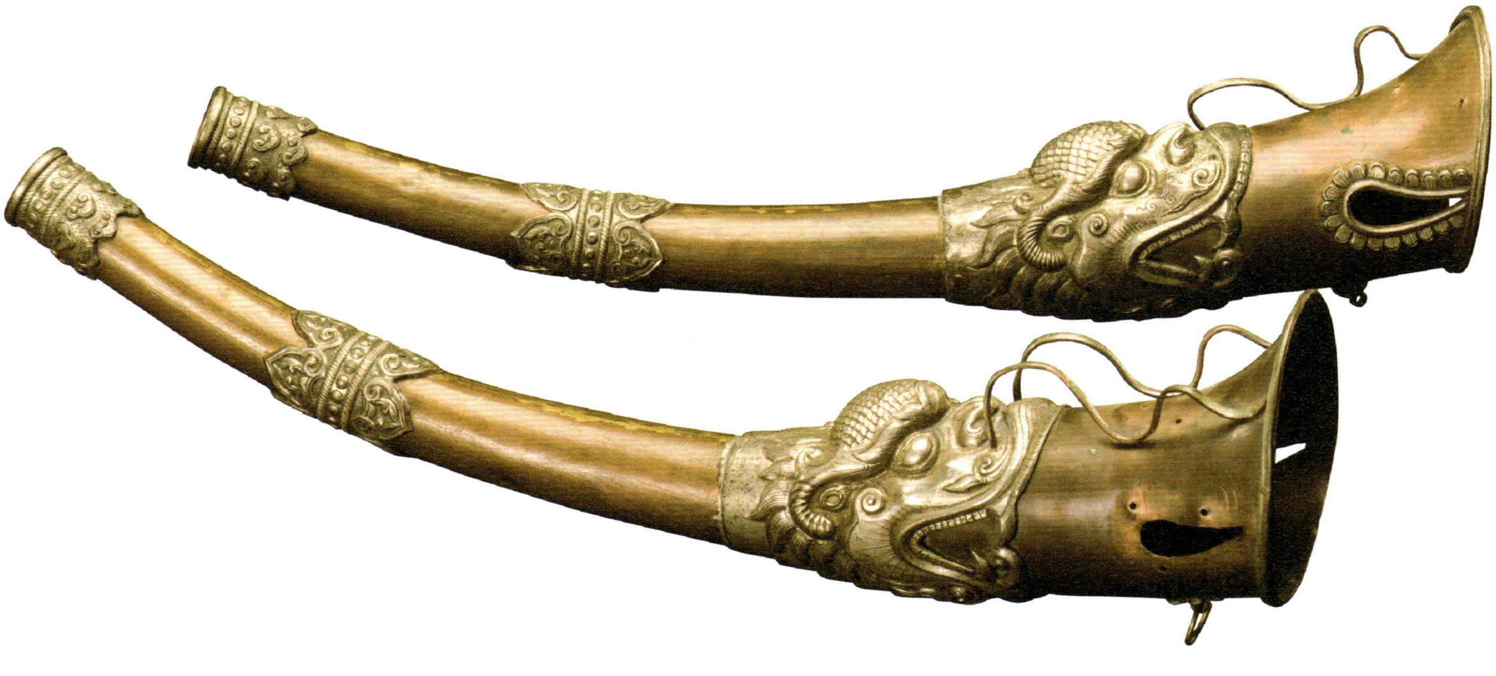

五大供

五大供，即中国民间祭祀时用来盛供品的五件器皿，又称泰山五供、佛前五供。由香炉一只、烛台与花觚各一对组成。摆放于宗祠庙宇，或用于祭奠先祖，或用于信徒供奉神、佛。其作用为安放香、花、灯、水、果等供品。目前可见到的有玉石、铜、锡、瓷、珐琅等材质，工艺考究，造型古朴。在道教中，称其为五献，用于拜表、炼度、施食等仪式，即将香、花、灯、水、果等五种献祭品献于神坛之上。道士称：五献皆圆满，奉上众真前，志在求忏悔，亡者早升天。

香炉

年代 清代

质地 铜

口径 8.8 厘米 底径 12.4 厘米 高 26.3 厘米

唇口，直颈，鼓腹，三短足。
肩生双把手，由古钱纹与唇口相连。

花觚

年代 清代

质地 铜

口径 7.7 厘米 高 27 厘米

长颈，小腹，高圈足。

烛台

年代 清代

质地 铜

口径 10.4 厘米 高 32.3 厘米

带钉小盘口，细长颈，大盘口，高圈足。双盘口接蜡泪，有环保功能。

数珠

年代　清代
质地　料质
长64厘米

数珠，又称佛珠，是佛教徒在念诵经咒语时，计诵经次数的专用品。念珠大多为一百〇八颗，多用菩提子、珊瑚、琥珀、硬木、骨、料等制成。

五方佛冠

年代　清代

质地　银质

长50厘米　高17厘米

五方佛冠是僧人在佛事活动时所佩戴的形如帽子的五联瓣装饰物。一般每瓣饰有一佛像，分别为不动佛、宝生佛、无量光佛、不空成就佛和毗卢佛。佛冠的五瓣上分别饰金翅鸟及摩尼宝、法轮、金刚杵、莲花和宝剑。

法鼓

年代　清代

质地　木　皮革

高 9.7 厘米　直径 15 厘米

法鼓（佛鼓），藏语称“扎玛如”，与金刚杵、金刚铃一样，均为修密者的随身法器。使用时手握中间凹处，摇摆出声。鼓架多用头颅骨、木料、象牙等做成，鼓面蒙皮。

十八罗汉

年代　清代

质地　绢

高 42 厘米　宽 35 厘米

释迦牟尼成道相位于中心，其螺发肉髻，耳垂至肩。身穿覆右肩袈裟，袈裟一角搭左肩，右手施触地印，左手施禅定印，持钵，结跏趺高踞仰覆莲须弥座上。舍利弗持钵立于其右，目犍连持钵立于其左，藏传十八罗汉众星捧月般环列四周，座前有布袋和尚和羯摩札拉居士，下方是四大天王，从右至左依次为增长天王、持国天王、广目天王、多闻天王。

十八罗汉是唐卡的常见题材。内蒙古地区流行的是舍利弗、目犍连分列佛祖左右，而不是迦叶和阿难。

兜率天上师瑜伽法

年代　清代
质地　绢
高 40 厘米　宽 32 厘米

兜率天上师瑜伽法，亦称宗喀巴修行图。宗喀巴、贾操杰、克主杰三师徒端坐云端。宗喀巴头戴班霞帽，身穿袈裟，双手施转法轮印，结跏趺坐于仰莲双狮须弥座上。贾操杰、克主杰持经位列左右，座前列宝镜、琴、海螺等五妙供品。

画面上方正中为弥勒垂足坐于兜率天宫，两位祖师分列左右。奶白如酪的云水由弥勒心中涌出，代表菩提心和慈悲心，云水托起宗喀巴三师徒。画面右侧为大威德金刚，左侧为财宝天王，四周祥云缭绕。

画面下方正中为大黑天，足踏象鼻天。右侧为外修阎魔，左侧为吉祥天母。供奉转轮宝王、七政宝和摩尼宝等各宝。

犀甲护法

年代 清代

质地 绢

高 40 厘米 宽 32 厘米

画面主尊为犀甲护法，头戴饰有旗帜的五骷髅头盔，身红色，一面二臂，三目獠牙。三只转动的眼睛中第三只眼洞察三界。牙齿尖如冰柱。身着铠甲，上面缠红丝飘带，腰间悬虎皮箭袋、豹皮弓袋和一把水晶剑。右手挥舞大棒，左手持太阳光钩绳。骑一匹浅褐色良马，马身上备有鞍鞯，身边有一只朱砂色的公鸡，马回首行走在仰莲座上。右上方为“业力化身”的丹吉玛本，身红色，戴红帽，穿铠甲，持绳索和藤鞭，骑浅褐色马；右侧为“身之化身”龙赞，戴黑帽，持蛇，骑黑马；右下方为“意之化身”神类，身着白袈裟披风，戴白帽，持绳索和箭，骑白马。左上方为“功德化身”护库，戴帽，穿白衣，持绳索和藤条，骑朱砂色公鸡。左侧为“语之化身”野赞，戴帽，穿红衣，持绳索与旗帜，骑红马。以三骷髅架嘎巴拉碗盛摩羯作为供品。犀甲护法共六位伴神，其中一位身份不详。

犀甲护法为大梵天神的忿怒相，是从梵天心脏射出的光线中诞生的神灵，人们相信白梵天的犀甲护法化身是甘丹寺的保护神。

画面正上方为宗喀巴端坐云端，犀甲护法是甘丹寺和宗喀巴的保护神，宗喀巴的出现是天经地义之事。

班禅额尔德尼莅临慧丰寺传法记事碑

年代　清代康熙年间

质地　石

高 120 厘米　宽 80 厘米　厚 20 厘米

九世班禅是一位爱国宗教领袖，由于西藏外侮内残的历史及军费等问题，与十三世达赖失和，遂在内地漂泊达十四年之久，一直为加强藏汉民族团结不懈努力。他居住、供养和活动范围主要在内蒙古，而他首次启建时轮金刚法会的地方则为达尔罕旗，因此，慧丰寺也因其驻锡而名闻遐迩。现该寺保存一通“班禅额尔德尼莅临慧丰寺传法记事碑”，碑额、碑座均佚失，只存碑身，高 120 厘米，宽 80 厘米，厚 20 厘米。正面碑文为阴刻汉文楷书，背面碑文为阴刻蒙古文楷书，正面和背面内容相同。记录了九世班禅从丁卯年五月十四日至戊辰年四月三十日（1927 年 6 月 13 日至 1928 年 6 月 17 日）传法的真实情况。碑文曰：

班禅额尔德呢者住世度生阿弥陀佛之地口也
口见圣容既不易亲聆法音则尤难因届僧俗众生
得聆大师妙法口口口口口国事东游北京奉
天呼伦贝尔等地当中华民国丙寅
口口口口口口口之时
哲里木盟协办盟务温都尔亲王阳仓扎布与慧
丰衍寿两寺住持格根暨执事僧众并地方官
员民众共同发愿恭请班禅活佛于本寺讲演大乘
妙法冀度众生苦厄共登安乐净土幸蒙允准嗣于丁
卯年五月十四日
活佛驾临卧虎屯站
温都尔亲王率同官员僧俗大众五百余人诚敬奉
迎驻于慧丰寺格根楼十六日
恭升大殿特备之八狮莲花法座悉授万众顶礼法
参由本日起至七月十日止除于二十七日幸衍寿
寺六月二十七日王府外竟亲传授伽
丹哈尔结麻密克斯穆增寿经　剌母日穆钦卜
善巴拉愿文等各种大乘妙法所有法会数万大
众最为欢喜信受矣前因达尔罕亲王之请遂于
十一日莅临寿安寺驻讲经法戊辰年孟春再蒙
许可复幸慧丰寺闰二月二十六日
佛驾重临由二十八日起连日亲授僧俗大众顶礼
温都尔亲王与大众共请班禅活佛宣授时轮金刚
经法以度沉沦众生而往生善巴拉净土机缘
当慈准并云本年系时轮法记时第十六次丁卯
开始之次年最
合传法机运等谕遂复备应用法品于三月十五日
起修坛城
授密法五日献供于
佛赐筵于众并将时轮灌顶密法传授圆满后复
与所集内外蒙古呼伦贝尔等各旗呼图克图格
根喇嘛既王公扎萨克官员僧俗十余万
众授与顶礼所有法会大众聆得未曾有之无上密法
欢喜信受而去初六日因送坛上供品于水
驾临本寺西南舞乐吉土坨立一舞乐吉土奥博
以每年九月九日为祭期三十日因
哲盟十旗王公扎萨克等共请传法
佛驾遂幸札萨克图旗梵通寺矣此系两次请
班禅佛口口口口也至其迎送敬谢之礼载在寺卷
无待赘述
僧等特恐年远失真仅勒于石以垂永久

慧丰
衍寿　寺执事会谨勒

参考文献

[1] 故宫博物院．藏传佛教造像 [M]. 紫禁城出版社，2009.

[2] 国家图书馆．诸佛菩萨圣像赞 [M]. 中国藏学出版社，2010.

[3] 工布查布，译．造像度量经．

[4] 尕藏，编译．藏传佛画度量经 [M]. 青海民族出版社，1992.

[5] 蒲文成．宗喀巴与藏传佛教 [J]. 文史知识，2006（02）.

[6] 王森．宗喀巴传论 [J]. 民族研究，1979（01）.

[7] 朱丽霞．从另一个角度阐述莲花生入藏及其社会后果 [J]. 西藏研究，2002（01）.

[8] 杨清凡．阿閦佛东方净土图像及往生信仰 [J]. 青海民族研究，2017（01）.

[9] 王月清，雒少锋．中土大势至菩萨的形象及其信仰——以佛典和民俗为中心的考察 [J]. 世界宗教文化，2012（02）.

[10] 刘昭斌．晋江摩崖石雕"西方三圣"造像 [J]. 东方收藏，2014（10）.

[11] 李翎．藏传佛教护法神吉祥天母的图像样式 [J]. 法音，2009(12).

[12] 赖天兵．两种毗卢遮那佛造型：智拳印与最上菩提印毗卢佛造像探讨 [J]. 中国藏学，2009（03）.

[13] 林丹娜．乾隆帝与藏传佛教中的文殊菩萨 [J]. 河北民族师范学院学报，2015（03）.

[14] 葛英颖，邱高兴．汉地菩萨造像服饰的文化意蕴 [J]. 飞天，2010（06）.

[15] 金申．谈辽代佛像的一种样式 [J]. 美术研究，1991（02）.

[16] 黄春和．浅论辽代佛像艺术 [J]. 法音，2009（06）.

[17] 梁燕，张同标．中印莲花手观音造像的图像学判断 [J]. 南京艺术学院学报（美术与设计），2016（01）.

[18] 萨迦·达钦阿美夏，陈庆英．萨迦世系史·八思巴生平 [J]. 西藏研究，1986（01）.

[19] 杨妍．藏传佛教造像中的财神 [J]. 收藏家，2000（03）.

[20] 明旸．佛教的五大菩萨（四）——观世音菩萨 [J]. 法音，1991（04）.

[21] 朱悦梅．大黑天造像初探——兼论大理、西藏、敦煌等地大黑天造像之关系 [J]. 敦煌研究，2001（04）.

[22] 韦陀，常红红．武威博物馆藏喜金刚与大黑天金铜造像考 [J]. 敦煌研究，2011（01）.

[23] 盛丽．浅析绿度母造像的象征内涵 [J]. 攀枝花学院学报，2011（05）.

[24] 曾立平．绿度母藏传佛教的观世音 [J]. 东方收藏，2014（02）.

[25] 罗文华．藏传佛教中的马头金刚 [J]. 紫禁城，1997（01）.

[26] 刘复兴．谈十一面观音信仰与造像 [J]. 文物鉴定与鉴赏，2015（06）.

[27] 高俊杰．九尊无量寿佛树 [J]. 中国文物报，2014-04-23.

[28] 郭素媛．关羽崇拜与关羽形象的演变及诠释 [J]. 齐鲁师范学院学报，2012（05）.

[29] 黄春和．佛像鉴赏 [M]. 华文出版社，2006.

[30] 久美却吉多杰．曲甘·完玛多杰译《福神》[M]. 青海人民出版社，2012.

[31] 常华安．大明宣德炉综论 [J]. 中国历史文物，2008（1）.

[32] 汤丽萍．明代宣德炉鉴伪 [J]. 收藏界，2010（11）.

[33] 吕春祥．藏传佛教艺术中龙纹的形式及分类研究 [J]. 南京艺术学院学报（美术与设计），2011.

[34] 张丽．清宫铜器制造考——以雍、乾二朝为例 [M]. 故宫博物院院刊，2013（05）.

[35] 高次若．青铜鼎簋与宣德炉的比较赏析 [J]. 东方收藏，2013（07）.

[36] 林亚兴．永乐与宣德时期的铜香炉 [M]. 艺术品，2014（06）.

[37] 林亚兴．中国古代铜香炉考略 [J]. 收藏家，2015（04）.

[38] 刘昭斌．晋江摩崖石雕"西方三圣"造像 [J]. 东方收藏，2014(10).